# 幸せな職場の経営学

「働きたくてたまらないチーム」の作り方

前野隆司

小学館

# はじめに

皆さんは、「幸福学」という言葉を聞いたことはありますか？

**「幸福学」とは、幸せに生きるための考え方や行動を「科学的」に検証し、実践に活《い》かすための学問**です。詳しくは本文で述べますが、幸せの形は多様でも、その根底にある基本のメカニズムは非常にシンプルであり、幸せは科学的に分析することができるのです。

私は大学でこの「幸福」の研究をしています。

もともとは、脳科学やロボットの研究者で、その前はメーカーでエンジニアをしていました。そのような経歴を持つ私が、なぜ「幸福学」という新たな学問を研究し始めたのか。理由は大きく2つあります。

一つは「世の中の役に立ちたい」という、幼い頃からあった根源的な想い。

もう一つは、ロボットの触覚や心の研究をする過程で、ロボットの心を作るのではなく、人の「心のメカニズム」を明らかにし、本質的な幸せについて研究し、その成果を用いて幸せな世界を創《つく》りたいと思うようになったからです。

私が幸せの研究を始めた頃、すでに世界中で幸せの研究は行われていましたが、研究成果はバラバラに蓄積されており、学問として体系化されていない状態でした。そこで私は多くの研究者による幸せの研究成果を体系化し、幸せのメカニズムを解明するとともに、多くの人が幸せな人生を送るための研究を行ってきました。

一般的に、これまで幸せの研究は心理学者や哲学者の行うものだと考えられていました。工学者である私が幸せの研究をするからには、データやエビデンスに基づいたもので、なおかつ、すぐに人の役に立つものにしたいと考えました。すなわち、「幸せとは何か?」「人はどうすれば幸せになれるのか？」といった根本的な問いを扱うと同時に、人を幸せにするための製品やサービスの開発、従業員を幸せにする経営方法など、具体的な課題解決のための研究も行っています。もはや幸福は、宗教や心理学、哲学の領域のみならず、科学の領域からも語ることができるのです。そして、さまざまなアプローチによって、幸福度は高めることができるのです。

また、数年前からは「ホワイト企業大賞」というアワードの企画委員を務めています。ホワイト企業とは、文字どおり、ブラック企業と対になる言葉で、社員の幸せと働きがい、社会への貢献を大切にしている企業を指します。

私自身、この取り組みを通して、全国に点在する数多くの素晴らしい企業と、その経営者たちに出会うことができました。

毎年、ホワイト企業大賞にノミネートされる企業の多くが、業績面においても

非常に好調であることは特筆に値します。**社員や会社の幸福度と業績は比例する**

――その事実を私自身、改めて実感しているのです。

## 「幸せなチーム」という働き方改革

近年、組織のあり方が大きく変化しつつあります。

中でも最近よく見聞きする、「ティール組織」や「ホラクラシー組織」といった、まったく新しい組織のあり方。この2つについては後ほど詳しく述べますが、いずれも、これまでのトップダウン型のマネジメントや管理型組織の概念を大きく覆すものです。

組織だけではなく、リーダーのあり方も変わり始めました。

従来のトップダウン型のリーダーシップから、リーダーが組織に貢献しようとするサーバント型（支援型）のリーダーシップ、コンパッション（慈悲や思いやり）に重きを置くリーダーシップ、対話を重視する調和型リーダーシップなど、時代の流れとともに、組織やリーダーのあり方そのものが大きな変革期を迎えているのです。

もちろん、従来のトップダウン型マネジメントが悪いというわけではありません。むしろ高度成長期からバブル期頃までの環境下では、あらゆる物ごとの無駄を排除し、規模を拡大させる必要がありましたから、いかに合理的、効率的に組織を回すかが重要でした。このような、どちらかと言うと「先を読める時代」には、トップダウン型マネジメントは有効でした。

しかし時代は変わり、先の見えない激変期がやってきました。テクノロジーが進化し、あらゆる物ごとのネットワーク化・IT化が進み、2045年にはAIが人間の頭脳を凌駕《りょうが》するシンギュラリティの時代が訪れるだろうと言う人もいます。効率と合理性を最優先する統率型の組織によって成長を目指す時代から、不確定性の大きい世界の中でいかに多様性を確保して、さまざまなトライアルを行うかという時代へ――。

そのような時代において、従来型の組織やマネジメントスタイルを続けていては、組織内や個人間での歪《ひず》みは深まるばかりです。優秀な一部のトップが考え抜いた末の判断のもとで大勢を引っ張っていく組織よりも、答えの見つからない世界においては、組織メンバーそれぞれが多様な工夫や試行錯誤を惜しまないことの方が有効なのです。

そして、後者においては、社員が幸せで、生き生きワクワクしていることが鍵になります。詳細は後で述べますが、幸せな人は創造性も生産性も高く、リーダーシップを発揮して未来型の組織形態をリードしていける人だからです。言い換えれば、未来型の組織を作りたかったら、構成員の幸福度を高めればいいとも言えます。

ところで、平成30（２０１８）年7月に公布された「働き方改革関連法案」（正式名称「働き方改革を推進するための関係法律の整備に関する法律」）の概要の冒頭には、以下のように記されています。

**「労働者がそれぞれの事情に応じた多様な働き方を選択できる社会を実現する働き方改革を総合的に推進するため、長時間労働の是正、多様で柔軟な働き方の実現、雇用形態にかかわらない公正な待遇の確保等のための措置を講ずる」**

しかし、昨今の「働き方改革」は、「時短による効率化」などの部分的な施策に留まるケースが少なくありません。時短に留まっていては、単に「改善」でしかありません。

時代は変わりました。今こそリーダーのあり方も変わるべきなのではないでしょうか。

たとえば、個の力であらゆる課題を解決して成果を出してきた従来のリーダーシップの役目の一部を、今後はＡＩが担うことになるでしょう。

しかし、ＡＩは、ビッグデータを分析することは得意ですが、人と人がつながり合ってワクワクしながら生み出すような発想力は今のところありません。イノベーションというのは、多様性の中であらゆる価値観を融合させることによって生み出されるものですから、そこにこそ、人が介在する価値が生まれるのです。

そのため、これからのリーダーには、人と人、顧客と社員など横のつながりを創出できるようなリーダーシップ力が求められます。すなわち、いかに良いチームを作れるか、いかにお互いが信頼し合いながら自由な発想でチャレンジし合える土壌を作れるか、ということです。「このチームだと楽しい」「チームのために頑張れる」という「場」や「つながり」を創り出し、提供できる調和型のリーダーこそが、これからの真のリーダーになると言えるでしょう。

私はこれまで、書籍や講演などを通して、幸せになるための方法を紹介してきました。本書では、「幸せな職場で人々はどう変わるのか」に焦点を当て、「職場における幸せ」や「幸せなチームのあり方」について述べたいと思います。

幸福度が高い従業員は、そうでない従業員よりも創造性が３倍高く、生産性は

31％高くなるという研究結果があります（心理学者のソニア・リュボミアスキー、ローラ・キング、エド・ディーナーらの研究）。幸福度が高い従業員は、欠勤率や離職率が低いといった研究結果もあります。

このため、組織に「幸せ」という観点を取り入れる試みは今、世界の多くの企業で導入されています。

私の研究室の仲間たちも、現在、大手金融機関や航空会社、電力会社、メーカーなどさまざまな企業や職場で共同研究や幸福学を取り入れた研修を行っていますが、その数は年々、増加傾向にあります。

幸福学を取り入れた社内研修を行った企業で、従業員たちはどう変わるのか。従業員を幸せにできる職場とは、どんな職場なのか。幸福学の最新研究を踏まえながら、働く人たちの幸福度を高める企業の仕組み作りや、職場の環境作りについてご紹介します。

さあ、一緒に新たな働き方パラダイムへの旅を始めましょう。

幸せな職場の経営学　目次

# 第3章　幸せな職場の実践例

## 第4章

# 職場の悩みQ&A すべての組織は幸せになれる!

# 第5章 実践編・職場で今すぐできる幸せのレッスン

## 第6章 働き方の未来

# 第1章

# どんな職場が「幸せ」なのか

## カネ・モノ・地位による幸せは長続きしない

働く人を幸せにする職場とは、いったいどんな職場なのか。それについて触れる前に、まずは「幸せ」について考えてみましょう。あなたはどんなときに幸せだと感じますか?

平成30(2018)年度の内閣府の「国民生活に関する世論調査」によると、日本人の7割以上の人が日頃の生活に充実感を得ており、中でも家族団らんのときや休養しているとき、趣味やスポーツに熱中しているとき、友人や知人と過ごしているときに、充実を感じると回答しています。

一方、日頃の生活の中で悩みや不安を感じている人も全体の約6割を占め、とくに老後に関して自身や家族の健康、収入や資産の動向が不安だと回答しています。

戦後の高度経済成長期からつい最近までは、経済的な豊かさ、仕事での成功や出世、社会的な地位や名誉といったことで幸せを感じる人が大多数でした。ところが、バブル崩壊後、大きな震災の経験をはじめとする時代の変遷とともに、いわゆる「カネ・モノ・地位」に本質的な幸せは見いだせない、と気づく人が増え始めたのです。

アメリカの経済学者ロバート・フランクは、他者との比較優位によって価値が生

長続きしない幸せと、長続きする幸せの違い

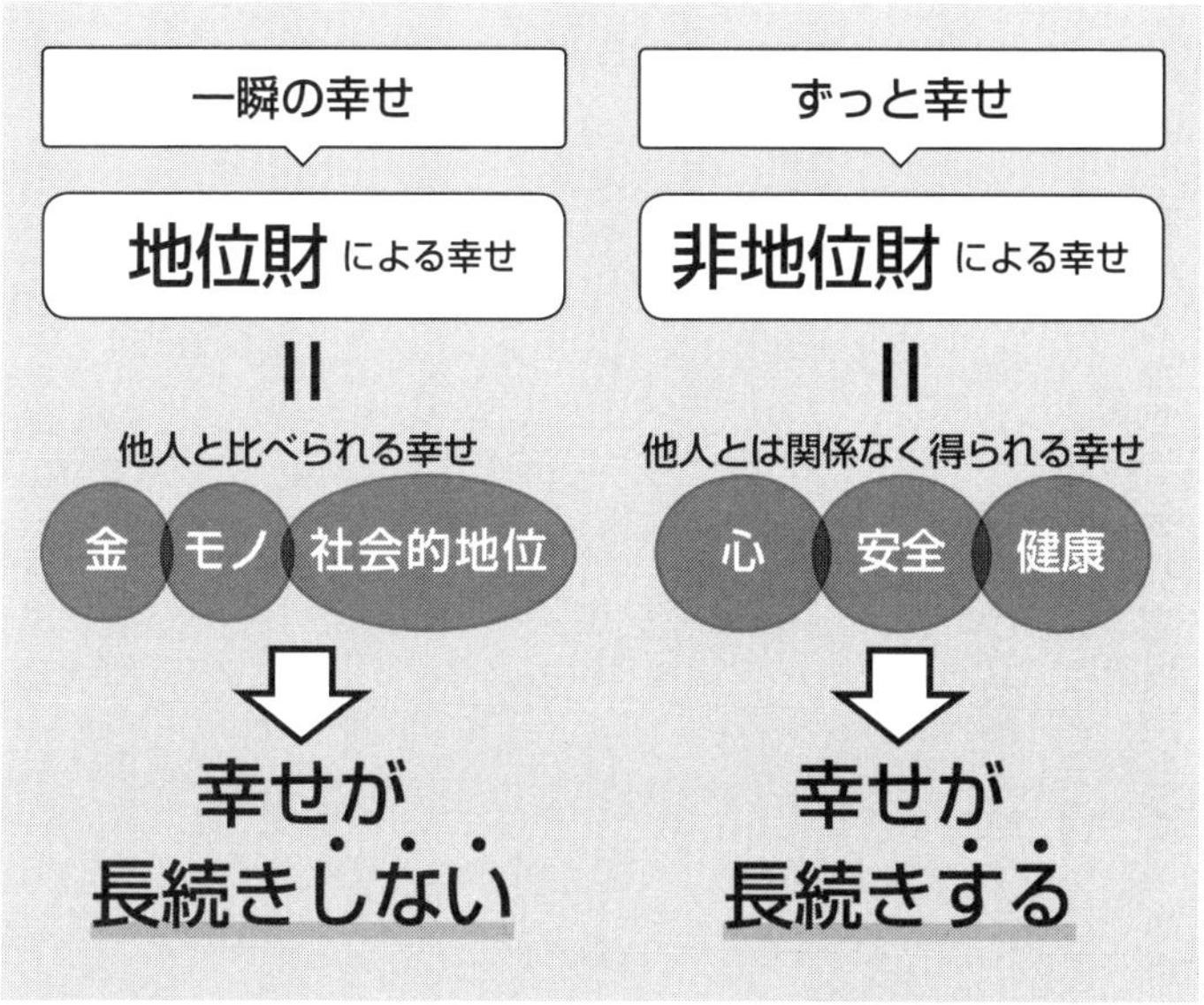


まれ、満足を得られる財を「**地位財**」、他者との比較ではなく、それ自体に価値があり、喜びにつながる財を「**非地位財**」と分類しました。地位財は主に、仕事（役職）や所得などの社会的地位や家や車といった物的財を指します。これに対して非地位財には、愛情や自由、健康などが挙げられます。

続いて2005年、イギリス、ニューカッスル大学の心理学者、ダニエル・ネトルは著書『目からウロコの幸福学』（オープンナレッジ）で、これら2つの財について「幸福の持続性が異なる」と記しました。

どういうことかと言うと、**地位財による幸せは長続きしないのに対し、非地位財による幸せは長続きする**、ということです。

つまり給料が上がったり、昇格したり、欲

しかったモノが手に入ったときに得られる幸福感はそのとき限りのものであって、持続しません。反対に、家族や友人たちと共に過ごしたり、趣味に没頭したり、自然の中でゆったりとした時間を過ごすことで、人は長期的な幸福感を得ることができるのです。

それでも人はつい、目に見えてわかりやすい地位財を手に入れることに懸命になってしまいがちです。所得が多くなり、出世をすれば嬉《うれ》しいですし、家や車を購入すると大きな喜びを感じます。もちろんそれを否定するつもりはありませんが、そこから得られる喜びだけが人生の幸せだと思ってしまうと、いくら働いても、どんなに素晴らしい家や車を持つことができたとしても、本質的な幸せを感じることは難しいのです。

## 収入と幸せの関係

ノーベル経済学賞を受賞したプリンストン大学名誉教授のダニエル・カーネマンは、このような人の欲求を「フォーカシング・イリュージョン」という言葉で表しました。**イリュージョン（幻想）にフォーカシングする。つまり、間違った方向に焦点を当て、それを目指してしまうという意味**です。

さらにカーネマンらは、**「感情的幸福」は年収7万5000ドル（2019年5**

**月現在で約825万円）までは収入に比例して増大するのに対し、それを超えると比例しなくなる、**という研究結果を発表しました（2008－2009年、米世論調査企業ギャラップ社が実施した米国民の健康と福祉に関する調査のデータを分析）。

「人生に満足していますか？」という、長期スパンの主観的幸福の問いへの回答結果は年収に比例していたのにもかかわらず、「楽しいですか？」という短期的スパンの主観的幸福の問いへの回答は、年収が7万5000ドルを超えたところで無関係になるということがわかったのです。

つまり、ある一定の所得を超えれば、その後、どれだけ所得が増えようとも、人生満足度は上昇しても、感情的な幸福度は変化しないということが明らかになりました。

そうした事実があるにもかかわらず、人はさらなるカネ・モノ・地位を目指しがちです。もっといい家に住みたい。もっといい車に乗りたい。もっと高い地位に就きたい。まさに幻想を求めるフォーカシング・イリュージョンというわけです。

しかし、これは個人だけの問題ではありません。同様のことが企業でも起こっているのではないでしょうか。

社員や株主、社会など、さまざまなステークホルダーに対して利益を還元したい、そのためには業績を良くしなければ、という想いが強くなるあまり、ただがむしゃらに利益だけを追い求めてしまう傾向がないでしょうか。しかし、どれだけ利益が出たとしても、そこに関わる人たちが不幸になっては意味がありません。

企業だけではありません。地球全体を見ても同じことが起きています。人間は地位財を求めるあまり、地球上の開発を進め過ぎたのではないでしょうか。その結果、異常気象や自然災害時の二次災害、資源枯渇など、あらゆる課題が山積しています。

世界平和も同様です。人々ははるか昔から国や土地を求め、あるいは宗教や人種、価値観の違いから常に争いの歴史を繰り返してきました。結果として、多くの人の尊い命が奪われ、肉親や友人、国を失う人もいまだ増え続けています。

これらはすべて人類が地位財を求め過ぎた結果なのではないでしょうか。短期的な幸福しか得られない地位財のために、人々は尊い自然や命を犠牲にしているのです。これこそ、まさにフォーカシング・イリュージョンの最たるものではないでしょうか。

## 「幸せ」の測り方

ところで、「幸せ」を英語に訳すと、一般的には「happiness」という単語が使われます。先ほどの地位財・非地位財でご説明したように、「幸せ」には短期的なものと長期的なものがあります。その意味から考えると、「happiness」は短期的な幸せの英訳と言うべきでしょう。「happiness」は、「幸せ」というよりも「楽しい」「嬉しい」といった短期的な感情としての幸せの意味合いが強いからです。

私の研究する「幸福学」は心理学などの分野で使われていた「well-being（ウェルビーイング）」が持つ意味に近いのではないかと考え、「幸福学＝well-being study」と捉えています。

さらに、幸せの研究には主観的幸福（subjective well-being）の研究と、客観的幸福（objective well-being）の研究があります。前者は主観的な幸福感を統計的、客観的に研究するのに対し、後者は客観的なデータをもとに間接的に幸福を研究するものです。

後者は客観的にデータを得られるメリットはありますが、幸福度そのものを直接測定していません。ですから私は、客観的データを参考にしながらも、主観的な幸福についての研究をしています。

しかし、「価値観が人によって異なるように、人それぞれ幸せの感じ方も違うのに、幸せの測定などできるのか」とお考えの方もいらっしゃるでしょう。

そんな幸福度を測定するにあたって、現在、幅広く用いられている、定評のある指標が、「幸福学の父」とも称される、米イリノイ大学心理学部名誉教授、エド・ディーナーらが開発した「人生満足尺度」です。5つの質問に対する回答の合計からその人の人生満足度を測るというものです。簡単で、すぐにできますので、ぜひトライしてみてください。

左記の5つの質問それぞれに、以下のいずれかの答えを入れ、5つの合計点を計算します。

**人生満足尺度の質問**

1. ほとんどの面で、私の人生は私の理想に近い □
2. 私の人生は、とても素晴らしい状態だ □
3. 私は自分の人生に満足している □
4. 私はこれまで、自分の人生に求める大切なものを得てきた □
5. もう一度人生をやり直せるとしても、ほとんど何も変えないだろう □

| | |
|---|---|
| まったく当てはまらない（1点） | 少し当てはまる（5点） |
| ほとんど当てはまらない（2点） | だいたい当てはまる（6点） |
| あまり当てはまらない（3点） | 非常によく当てはまる（7点） |
| どちらとも言えない（4点） | |

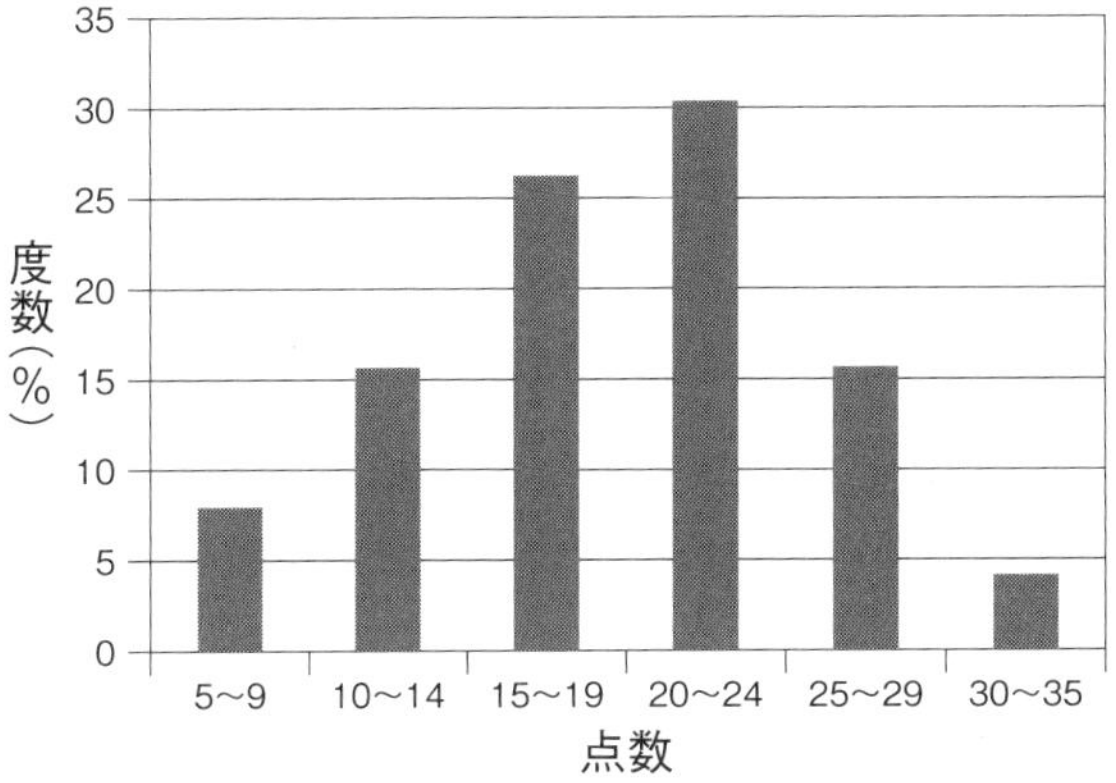


人生満足尺度のヒストグラム
2012年の日本人1500人への調査結果

5問の答えの点数を合計してください↓ □

上の図は、２０１２年に我々のチームが15歳から79歳までの日本人１５００人を対象に行ったウェブ調査の結果ですが、35点満点のうち、平均は18・9点でした。

また、ある調査によれば、フランス系カナダ人男性は27・9点、フランス系カナダ人女性が26・2点、アメリカの大学生24・5点、日本の大学生20・2点、韓国の大学生19・8点、中国の大学生16・1点という分布になっています（『幸せを科学する』大石繁宏著、新曜社）。

## 幸せを構成する4つの因子

しかし、ディーナーの人生満足尺度は主観的な幸福度を一つの指標として見ているため、残念ながら「幸せの形」を可視化することはできません。

そこで我々は、どういった状態が幸せと言えるのかという幸せの心的特性の全体像を明らかにするために、29項目87個の質問を作成し、日本人1500人に対して、インターネットでのアンケートを行いました。

そして、そのアンケート結果を因子分析（多変量解析の一つで、多くのデータを解析し、その構造を明らかにするための手法）したところ、人が幸せになるために必要な「4つの因子」が導き出されました。

その4因子とは、左ページの図のように、**「やってみよう！」因子（自己実現と成長の因子）**、**「ありがとう！」因子（つながりと感謝の因子）**、**「なんとかなる！」因子（前向きと楽観の因子）**、**「ありのままに！」因子（独立と自分らしさの因子）**の4つです。

ちなみに、この調査の内容や、因子分析の方法については、拙著『幸せのメカニズム』（講談社現代新書）にまとめましたので、詳しくお知りになりたい方は、ぜひそちらをお読みください。

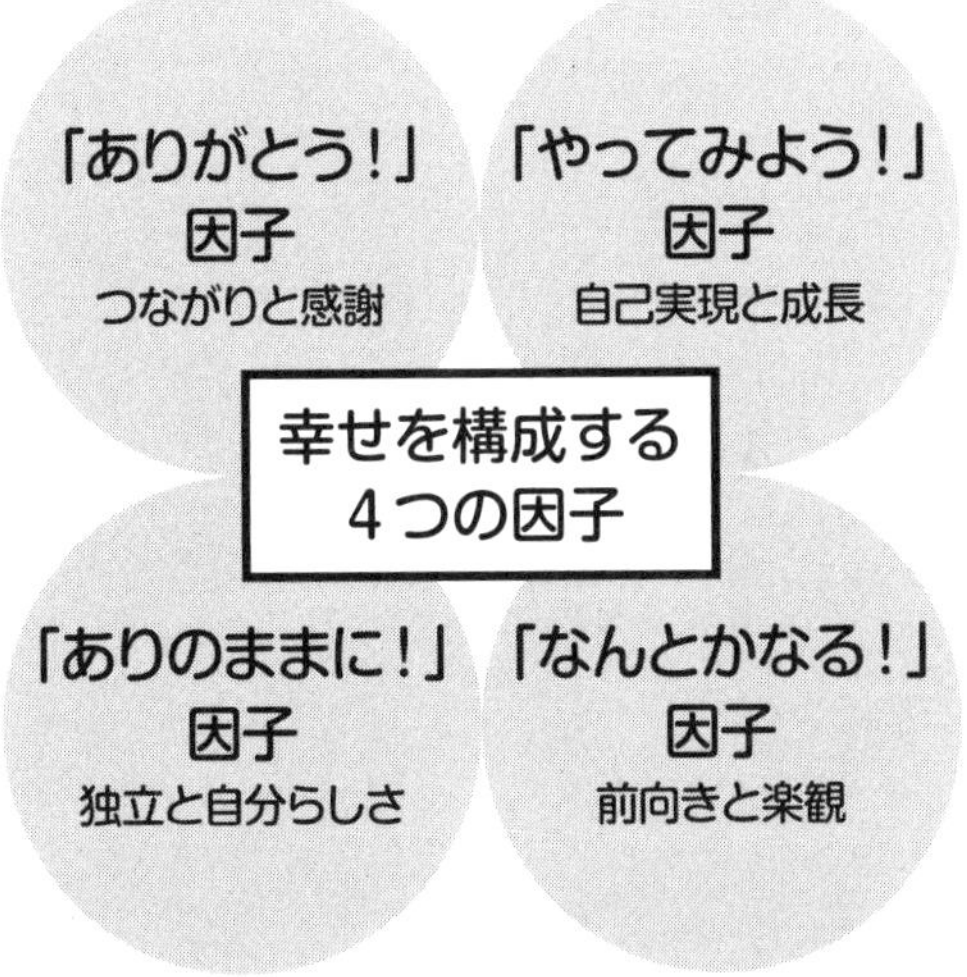


以下に、４つの因子それぞれについて簡単にご紹介します。

## 第1因子「やってみよう！」因子（自己実現と成長の因子）

自分は、自分なりのコンピテンス（能力・強み）を活《い》かせているか、社会の役に立っているか、目標に向かって努力・勉強しているかなど、自分が成長し続けていることを実感することで、幸せを感じることができるという因子です。

**「私は有能である（コンピテンス）」**
**「私は社会の要請に応えている（社会の要請）」**
**「私のこれまでの人生は変化、学習、成長に満ちていた（個人的成長）」**
**「今の自分は『本当になりたかった自分』である（自己実現）」**

日々、こうした実感を持てている状態です。つまり、いくつになっても夢や目標、やりがいを持ち、それを実現させるために、学習・成長しようとしていることが、人間の幸せに寄与するということです。

職場や働き方で言うと、「やらされ感」や「やりたくない」などと感じている状態ではなく、自分の強みを活かして、イキイキ・ワクワクと働いている人は幸せだと言えます。

## 第2因子　「ありがとう!」因子（つながりと感謝の因子）

誰かを喜ばせたり、親切にしたりすること、逆に自分が愛情を受けていると感じる、親切にされるなど、他者とのつながりによって幸せを感じることができるという因子です。

**「人の喜ぶ顔が見たい（人を喜ばせる）」**
**「私を大切に思ってくれる人たちがいる（愛情）」**
**「私は、人生において感謝することがたくさんある（感謝）」**
**「私は日々の生活において、他者に親切にし、手助けしたいと思っている（親切）」**

第1因子の「やってみよう!」因子が自己実現や自己成長といった自分に向かう幸せであるのに対し、第2因子の「ありがとう!」因子は、人を喜ばせることや、愛情、感謝、親切に関連していて、他者に向かう幸せだと言えます。

職場や働き方で言うと、社内外の人間関係が良好で、助け合いと感謝に満ち溢《あふ》れている職場は幸せと言えます。

## 第3因子「なんとかなる！」因子（前向きと楽観の因子）

3つめの因子は、前向きさと楽観性の因子です。常にポジティブで楽観的であること。自分や他人を否定するのではなく、受容することは、幸せであり続けるために大変重要な要素です。自己肯定感が高ければ、困難が起こったとしても「大丈夫、何とかなる」と、前向きに捉えることができます。


**「私は物ごとが思いどおりにいくと思う（楽観性）」**

**「私は学校や仕事での失敗や不安な感情をあまり引きずらない（気持ちの切り替え）」**

**「私は他者との近しい関係を維持することができる（積極的な他者関係）」**

**「自分は人生で多くのことを達成してきた（自己受容）」**


日々こうした感覚を持つ人は、他の因子が多少不足していても、「まあいいか」と気楽に捉えられ、気持ちをすぐに切り替えることができますから、この第3因子は幸せのために必要不可欠な因子と言えるでしょう。

「ポジティブ心理学の父」と呼ばれるマーティン・セリグマン博士の研究によると、

たとえば生命保険業界では、楽観的な性格のエージェントほど、売り上げが高い傾向があるそうです。

職場や働き方で言うと、リスクをとって新しいことにチャレンジすることが推奨されている職場は幸せと言えるでしょう。

## 第4因子　「ありのままに！」因子（独立と自分らしさの因子）

最後の4つめの因子は、他の誰でもなく、「自分らしく過ごせているか」を表す因子です。心理学などの専門用語ではオーセンティシティ（本来感）とも呼ばれます。自分と他者を比べることなく、周囲を過度に気にせず、ありのままの自分を受け入れ、自分らしい人生を送ることが、確かな幸せへとつながるのです。

一方、前述したように誰かと比較して得られる地位財による幸福感は短期的なものにすぎません。

**「私は自分のすることと他者がすることをあまり比較しない（社会的比較のなさ）」**
**「私に何ができて何ができないかは外部の制約のせいではない（制約の知覚のなさ）」**
**「自分自身についての信念はあまり変化しない（自己概念の明確傾向）」**
**「テレビを見るとき、あまり頻繁にチャンネルを切り替えない（最大効果の追求のなさ）」**

これらの質問からもわかるように、他者と比較することなく、自分のペースを保つことが、幸せでいる上で重要になるのです。

第2因子のつながりや感謝のために周囲と合わせることも大切ですが、人に合わせてばかりでは幸せとは言えません。他者との調和を考えながら、自分らしさも大事にするバランス感覚が大切です。

このように、膨大にあると思われていた幸せの要因が、因子分析によって、わずか4つの因子から構成されることが明らかになりました。人によって幸せの姿は違っても、幸せになるための基本のメカニズムは存在するということです。そして、この4因子がバランスよく備わっていることが、より幸せな状態であると言えるのです。

職場の場合、ダイバーシティ（人材の多様性）が認められ、どんな人も自分らしさを活かして働ける職場は、より幸せだと言えるでしょう。また、組織の誰もがビジネスの成功に参画する機会があり、それぞれの経験や能力、考え方が認められて活用される状態をインクルージョン（包括的）と呼びますが、個人個人を尊重する姿勢が働く人のモチベーションをアップさせると言えます。

左ページの表は、この調査で使用した質問と、参加者1万5028人の平均値です。

それぞれの質問に、「全くそう思わない」1点、「ほとんどそう思わない」2点、「あまりそう思わない」3点、「どちらともいえない」4点、「少しそう思う」5点、「かなりそう思う」6点、「とてもそう思う」7点の点数をつけてもらい、その平均値をとっています。

ちなみに、このインターネット上での調査は一般の方を対象に行いましたが、企業での研修時には、企業における幸福度測定に特化した質問事項を使用します。こちらの「企業版」は32ページに掲載しておきますので、ぜひ、あなたのチーム内でもトライしてみてください。

さて、あなたの幸福度はどれくらいでしたか？　数字にして表すことで、どの因子が高く、どの因子が低い傾向にあるかが一目瞭然になります。もちろん、測定結果自体に良い悪いはありません。自分はどの因子が高く、どの因子が低いのかを知るための手段と考えてください。またアンケートの際には極端につける人や「どちらでもない」ばかりつける人もいますので、他者との比較は慎重に行う必要があります。あくまで目安と考えてください。

幸福度は、日々の食事と同じようなものです。毎日のちょっとした行動や態度、

オンラインカウンセリングの幸せ診断参加者1万5028人の平均値

| | | | |
|---|---|---|---|
| 人生満足尺度 SWLS | ほとんどの面で、私の人生は私の理想に近い | 4.47 | 22.54（35満点中） |
| | 私の人生は、とても素晴らしい状態だ | 4.61 | |
| | 私は自分の人生に満足している | 4.68 | |
| | 私はこれまで、自分の人生に求める大切なものを得てきた | 5.06 | |
| | もう一度人生をやり直せるとしても、ほとんど何も変えないだろう | 3.72 | |
| 幸せの第1因子 やってみよう！ | 私は有能である | 4.32 | 17.85（28満点中） |
| | 私は社会の要請に応えている | 4.35 | |
| | 私のこれまでの人生は変化、学習、成長に満ちていた | 5.09 | |
| | 今の自分は「本当になりたかった自分」である | 4.09 | |
| 幸せの第2因子 ありがとう！ | 人の喜ぶ顔が見たい | 6.07 | 23.80（28満点中） |
| | 私を大切に思ってくれる人たちがいる | 5.85 | |
| | 私は、人生において感謝することがたくさんある | 6.14 | |
| | 私は日々の生活において、他者に親切にし、手助けしたいと思っている | 5.74 | |
| 幸せの第3因子 なんとかなる！ | 私は物ごとが思いどおりにいくと思う | 4.49 | 17.41（28満点中） |
| | 私は学校や仕事での失敗や不安な感情をあまり引きずらない | 3.78 | |
| | 私は他者との近しい関係を維持することができる | 4.72 | |
| | 私は人生で多くのことを達成してきた | 4.42 | |
| 幸せの第4因子 ありのままに！ | 私は自分のすることと他者がすることをあまり比較しない | 4.01 | 18.99（28満点中） |
| | 私に何ができて何ができないかは外部の制約のせいではない | 5.22 | |
| | 自分自身についての信念はあまり変化しない | 5.21 | |
| | テレビを見るとき、あまり頻繁にチャンネルを切り替えない | 4.55 | |

（点）

## 【企業版　幸福度測定のための質問】

| | |
|---|---|
| 1．私は有能である | |
| 2．私は社会・組織の要請に応えている | |
| 3．私のこれまでの人生は、変化、学習、成長に満ちていた | |
| 4．今の自分は「本当になりたかった自分」である | |
| 5．人の喜ぶ顔が見たい | |
| 6．私を大切に思ってくれる人たちがいる | |
| 7．私は、人生において感謝することがたくさんある | |
| 8．私は日々の生活において他者に親切にし手助けしたいと思っている | |
| 9．私はものごとが思い通りにいくと思う | |
| 10．私は学校や仕事での失敗や不安な感情をあまり引きずらない | |
| 11．私は他者との近しい関係を維持することができる | |
| 12．自分は人生で多くのことを達成してきた | |
| 13．私は自分と他者がすることをあまり比較しない | |
| 14．私に何ができて何ができないかは外部の制約のせいではない | |
| 15．自分自身についての信念はあまり変化しない | |
| 16．仕事上の判断を頻繁に切り替え過ぎない | |

### 点数

全くそう思わない……………………………1点
ほとんどそう思わない………………………2点
あまりそう思わない…………………………3点
どちらともいえない…………………………4点
少しそう思う…………………………………5点
かなりそう思う………………………………6点
とてもそう思う………………………………7点

### 回答結果

| | |
|---|---|
| 1〜4の合計（第1因子合計） | |
| 5〜8の合計（第2因子合計） | |
| 9〜12の合計（第3因子合計） | |
| 13〜16の合計（第4因子合計） | |
| 第1因子合計+第2因子合計 | |
| 第3因子合計+第4因子合計 | |

そして思考法や物ごとの捉え方を変えるトレーニングによって、どんどん変化していきますから、低かった人も、現時点で「自分は幸福度が低いのか」と嘆く必要はまったくありません。

そしてぜひ、健康診断と同じように、定期的にご自身の幸福度を測定してみてください。本書を開かずとも、オンラインで簡単に計測できるサイトもあります。

https://well-being-design.com/

こちらには、さらに詳しい幸福度診断も用意しています。

なお、幸福度を高めるための具体的なトレーニング方法や改善方法については、第5章「実践編・職場で今すぐできる幸せのレッスン」で紹介します。

## なぜ日本企業の社員は生産性が低いのか

平成29（2017）年「労働安全衛生調査（実態調査）」（厚生労働省）によると、「現在の仕事や職業生活に関することで強い不安、悩み、ストレスと感じる事柄がある労働者」の割合は58・3％。職業人口の半数以上が、何かしらのストレスを感じているのです。

そして、2016年のマンパワーグループの調査によると、**職場におけるストレスの原因の1位は「上司・人間関係」**でした。

また、「時間あたりの労働生産性と労働時間」について世界と比較してみると、ＯＥＣＤ（経済協力開発機構）のデータ（２０１７年）に基づく日本の時間あたりの労働生産性は47・5ドルで、ＯＥＣＤ加盟国（36カ国）中20位です。就業者１人あたりの労働生産性は84・０ドルで、36カ国中21位です。かなり低い値を示しています。

これらのことから、世界的に見ても「勤勉」で「働き者」であるはずの日本人が、実は労働生産性という観点から見ると、非効率的な働き方をしていることは明らかです。前述のストレス強度も鑑《かんが》みると、日本の労働人口のうちおよそ半数以上の人が、人間関係などのストレスを感じながら、長時間、非効率な労働を強いられているということになります。

政府主導の「働き方改革」は、ＧＤＰ（国内総生産）を増やすため、社会的マイノリティとされる女性や障がい者を積極的に雇用し、インクルーシブ（包括的）な組織を目指すこと、過重労働によってもたらされる精神的苦痛を軽減させることを目的としています。

しかし、「時短だ！　ダイバーシティだ！　さあ、やってみよう」などとスローガンだけを与えられても、多くの現場では実際に何をしたらいいかわからず、戸惑うことになりがちです。私も働き方改革の考え方自体には共感しますが、ウェルビーイングに関連づける余地はまだまだ残されていると感じます。

高度経済成長期に代表されるトップダウン型組織運営がうまく機能していた時代には、こうした通達も受け入れられたかもしれません。しかし、時代は変わりました。スピーディーにテクノロジーが進化し、それに伴って人々の意識もどんどん変化しています。誰もが、もはや古いパラダイムには限界を感じ始めているのです。それなのに、国のトップも企業のトップも、トップダウン方式で物ごとを決め、働く人々を管理しようとしていたら、イノベーションは起きません。抜本的な改革のためには、職場の雰囲気や組織体系を変えるのみならず、理念レベルでの変革を行うことが必要なのです。

前述のように、エド・ディーナーらの論文によると、**主観的幸福度の高い人はそうでない人に比べて創造性は3倍、生産性は31%、売り上げは37%高い傾向にあります。また幸福度の高い人は職場において良好な人間関係を構築しており、転職率・離職率・欠勤率はいずれも低いという研究データもあります。**

さらに、米カリフォルニア大学のソニア・リュボミアスキー教授も、「幸せな社員は、不幸せな社員より生産性が1・3倍高い」という調査結果を出しています。

国内でも、日立製作所の矢野和男さんの研究をはじめ、幸せであることは生産性を30％ほど増やすという調査結果が続々と発表されています。

だからこそ、これからの企業や組織は「働き方改革」で時短を徹底して無駄を減らすことを考えるのではなく、まず「社員やチームメンバーを幸せにすること」を目指すべきでしょう。創造性が3倍、生産性が1・3倍になれば、結果的に時短にもつながるはずです。

ところが、トップダウンによる働き方改革で現場の当事者たちが「やらされ感」を感じれば、幸せの第1因子「やってみよう！」因子が低くなります。幸福度が低くなれば、結果的に生産性や創造性が下がる可能性も高くなるため、結局、「働き方改革」の成果が出ないという悪循環に陥ります。この点が今の大きな課題の一つではないでしょうか。

そもそも、仕事というものは労働であって「対価＝賃金」を得るために自分の人生や時間を差し出すものである、という従来からの構図に、私たちは囚《とら》われ過ぎてはいないでしょうか。そのような労働契約説的な考え方は、個人の幸福を考慮していません。メンタルの状態を考慮せずに仕事を続けていると、ブラック企業体質は当たり前になり、いずれ心身の病になってしまうリスクがあります。つまり自分たちが「幸せに働いていない」ことに気づけていない人がいるという事実そのものが、大きな社会課題なのです。

当然のことですが、雇用される側だけでなく、雇用する側の考え方も変えていかなければなりません。

以前、誰もが知る日本の某大企業の社長さんにお会いした際のことです。幸福学や社員の幸福度について私がお話しすると、社長さんは「社員が幸福になることの意味がわからない」と仰《おっしゃ》いました。そして「会社は利益を出すことが最優先であって、今、各社が働き方改革をしているのは日本のGDPを上げるためでしょう」とも仰いました。

でも、私たちはいったい何のためにGDPの数値を上げたいのでしょうか。何のために、日本を豊かにしたいのでしょう。結局のところ、皆が幸せになるためではないでしょうか。

私がそんな話をすると、その社長さんはすっかり混乱してしまったのです。「皆が幸せになることの意味？　わかりません……」と。なんと、社員の幸せを第一に考えるということが、根本のところで理解できないと仰るのです。

これまで会社の業績ばかりが気になり、社員一人ひとりの幸せなど考えたこともなかったのかもしれません。こうした経営者や「働き方改革」による強制的な時短によって、業務が終わらず、身動きのとれなくなったチームリーダーなど、理想と現実の狭間《はざま》に苦しむ現場の状況は依然として変わりません。

しかし一方で、一部の企業や組織では「健康経営」という言葉が徐々に使われるようになりました。ストレスチェックの義務化など、職場の健康は徐々に改善されつつありますから、このあたりは希望が持てる動きだと思います。

実は、旧式の日本型経営、すなわち終身雇用や年功序列などに代表される制度が整っていた「集団主義的な経営スタイル」は、安心感という観点ではよくできた仕組みでした。ところがその後、欧米型の成果主義、つまり「個人主義的な経営スタイル」が採用されるようになると、経済的にはもちろん、意識面でも格差が広がりました。そしてさらに追い討ちをかけるように、企業の合併や買収、そしてリストラが横行するようになったのです。

ここで、「個人主義」と「集団主義」という用語について説明しておきましょう。これらは心理学をベースに、文化間の比較を行う文化心理学の用語です。

個人主義とは、個人の独立や権利を重視する考え方。集団主義は、個人の独立や権利よりも、集団としての価値を重視する考え方です。

統計分析の結果、大雑把《おおざっぱ》に言えば、欧米は個人主義的、アジアは集団主義的な社会であることが知られています。

ただし、世界を西洋と東洋に分けるステレオタイプの議論には注意が必要です。ヨーロッパ南部のラテン系の国の人々はかなり集団主義的ですし、日本は東アジアや東南アジアの他の国より個人主義的な傾向にあります。また、各国の中に個人は多様に分布しているので、平均値の議論（いわゆるステレオタイプ）は分布の議論を無視しがちである点が課題です。つまり、個人主義の国と言われるアメリカにも集団主義的な人はいますし、東南アジアにも個人主義的な人はいます。以上のような点を考慮した上で、本書ではわかりやすさのために、あえて個人主義と集団主義という言葉を使いますので、ご了承ください。

同様に、「東洋」と「西洋」という言葉も注意が必要です。東洋にはイスラム圏も含まれますし、先に述べたように、現在の日本はかなり西洋的な教育の影響を受けています。従って、西洋的・東洋的ないしは近代以降の西洋思想・古来の東洋思想といったような分け方も安易にはしない方がいいでしょう。しかし本書では、個人主義・集団主義と同様、そうとわかった上であえて単純化した議論を行います。あくまで単純化した議論であって、学術的にはさまざまな意見があることを、あらかじめお伝えしておきます。

さて、いわゆる個人主義や成果主義は、アメリカのように「転職＝キャリアアップ」という文化が強く根づいている国ではうまくいきます。一方、日本のように転職がまだ一般的でない社会に取り入れたとき、トップの2割程度の人たちにはやる気が出て良い影響がありますが、残り8割程度の人にとっては、モチベーションダウンへとつながり、残念な結果となりかねないのです。

集団主義と個人主義、どちらにもメリットとデメリットはあります。仕事のパフォーマンスが高い人に報いるべきなのか、そうでない人も含めて皆が幸せに生きるべきか。どの価値を重視するかによって答えが異なる、難しい問題です。

繰り返しになりますが、昔の日本企業の経営は集団主義的でした。その後、バブル崩壊とともに合理化、効率化が重視された結果、長時間労働やそこから引き起こされる過労死、うつ病などのさまざまな問題が湧き上がってきました。そして最近はティール組織やホラクラシー組織といったあり方が注目を浴びています。

## ティール組織とホラクラシー組織

ここで、本書にも何度か登場している「**ティール組織**」と「**ホラクラシー組織**」についても簡単にご紹介しましょう。「ティール（Teal）」とは、フレデリック・ラルーの著書『ティール組織』（英治出版）に由来します。

タイトルにある「ティール」とは、「青緑」という色を表す単語です。同書では時代とともに進化する組織形態を色にたとえ、発達段階に伴って表しています。最初の形態は「衝動型組織」＝赤、続いて「順応型組織」＝琥珀《こはく》、「達成型組織」＝オレンジ、「多元型組織」＝緑というように、その発達具合に従って色が変化していくのです。「青緑（ティール）」は発達の進んだ組織形態である「進化型組織」を示します。

著者のラルーによると、進化型組織には従来のようなピラミッド型の組織構造は見られません。社員一人ひとりが主体性を持ち、意思決定ができる自主経営組織です。指揮命令系統もなく、従来の雇用契約を超えた、「信頼」でつながり合う生命体のような組織形態なのです。

他方、「ホラクラシー（Holacracy）」は、2007年にアメリカの起業家ブライアン・J・ロバートソンが提案したマネジメントシステムです。

ティール組織と多くの共通点がありますが、中央集権型・ピラミッド型のヒエラルキーが形成される管理システムを一切排除し、よりフラットな組織体制であるチームやサークルによって組織が成り立つ仕組みです。こうしたホラクラシー型の組織では、上司は存在せず、決済の滞りや責任のなすりつけ合い、派閥争いといった複雑な人間関係がなくなり、関わる誰もが主体的に考えて行動することで、生産性の向上や、イノベーションの創出が期待できます。

アメリカのZappos.com（以下、ザッポス）や、第3章でご紹介する日本のダイヤモンドメディアなどの企業は、ホラクラシー的な経営を実践する代表的な例として、今、大きく注目されています。

ザッポスは靴やアパレルを扱うオンライン小売企業ですが、存続の危機に瀕していた同社はホラクラシー経営によって見事に復活。年商1200億円という業績を実現させ、大成功をおさめたことで一躍、有名になりました。同社は「Delivering Happiness（デリバリング・ハピネス＝幸せを運ぶ）」を経営理念に掲げて顧客と社員の幸せを第一に考えるという斬新なマネジメント手法を生み出し、フォーチュン誌の「もっとも働きがいのある企業100社」に数年にわたってランキングされたのです。2009年にはアマゾンが9億4000万ドルで買収したことも話題になりました。

顧客と社員の幸せを第一に考えるということは、一見、真逆の価値観のように思えますが、実は驚くことに、ティール組織もホラクラシー組織も昔の集団主義的・家族経営的だった頃の日本企業の方法に似ている部分が少なくありません。まったく新しいようで、実際には新しいものと古いものを融合させた考え方と言うべきではないかと思います。

私はこれまで、経営面においても、社員との信頼関係においても、そのどちらもうまくいっている企業をいくつも見てきました。また、経営学のみならず、哲学の歴史やシステム論の歴史についても俯瞰的《ふかんてき》に見てきました。

これらを統合して捉えると、これからの時代に求められる組織とは、集団主義の良さも個人主義の良さも兼ね備えた組織、つまり「**ウェルビーイングな組織**」であると考えています。**個人か集団に偏るのではなく、「個人の幸せ」と「皆の幸せ」のどちらも大切にするのがウェルビーイング第一主義**です。幸せファースト。皆の幸せを第一に、です。

そのためには、西洋と東洋どちらの叡智《えいち》が優れているかを争っている場合ではありません。両者の良い面を融合させ、ハイブリットな新しい概念を創り上げるべきです。

ウェルビーイング第一主義は決して難しいものではありません。自分も含めた「皆の幸せ」をまず考えることです。この、「皆が幸せになるべきである」という当たり前の考えを中心に据えることによって、ティール組織やホラクラシー組織といった新しい考え方と、家族経営のような古き良き考え方の類似性を統一的に捉えることが可能になるのです。

次章では、この「ウェルビーイング組織」のあり方とともに、閉塞感を抱える日本企業がどうしたら変われるかについて述べたいと思います。

# 第2章

# ウェルビーイング
# 第一主義が
# 世界を変える

## 西洋型思想と東洋型思想を融合した、新たな調和の時代へ

さて、第1章では、私の研究する「幸福学」とは何かをご説明した上で、これからの時代に必要とされる組織のあり方は「ウェルビーイング第一主義組織」であると述べました。本章では、歴史的・文化的な側面から経営や組織運営の関係を考察してみましょう。

過去において、日本を含むアジア全般に浸透していた東洋的な思想は、全体としての「調和」を大切にしていました。

一方、欧米では産業革命以来、「独立した個が競争や戦いをすることによってこそ、社会は健全に発展する」という思想が栄えました。後者の考え方は合理的・効率的だったため、産業は大きく成長することになったのです。やがてその波は日本にも洪水のごとく流れ込み、産業のみならず文化や人々の価値観を変容させました。

ところが、バブル崩壊後、いわゆる「失われた20年」を過ごしてきた我々は、次第に何かがおかしいと気づき始めたのです。地球上の資源も環境もそろそろ限界を迎えそうだし、人口も減り始めている。ならば、全体調和型の方向性も考慮した方が良いのではないか、というマインドの変化が始まりました。

近年、そうした流れはビジネスの世界でも徐々に広まり、さまざまな場面で変革の兆《きざ》しが感じられるようになりました。これまでビジネスシーンで多用されてきた「戦略・戦術」という言葉はまさに戦いのメタファー（隠喩《いんゆ》）です。一方で「共創」「協働」などの言葉がビジネスの世界でも頻繁に使われるようになり、他者と共存共生していこうというマインド、つまり調和のメタファーの時代に戻りつつありま す。いえ、戻るというよりも「未来型」として、近代西洋型と古代東洋型それぞれの叡智《えいち》が融合された新たな調和型が芽生えつつある、と捉えた方が正確でしょう。

しかしながら、一時的な反動や揺り戻しと言うべきか、政治の世界では、世界の大統領や首相たちが、統合とは真逆の分断へと向かっているようにも見えます。我々はまさに、その2つがせめぎ合う「混沌《こんとん》の時代」に生きているのです。

そのように不透明で不確実な時代だからこそ、もともと日本に根づいていた考え方、すなわち調和を大切にしつつ、物事を長期的視点から捉える経営術も見直されつつあります。短期的な利益だけを追うのではなく、永く繁栄し続けることを目指す長寿企業型経営です。

帝国データバンクの2019年の調査によると、日本には100年以上続く長寿企業が3万社以上あり、他国と比較しても圧倒的な割合を占めています。繰り返しになりますが、長寿企業に共通する要素として、その多くが短期的な利益ではなく、長期的な利益を重視しているという点が挙げられます。言い換えれば、短期的な幸せではなく、長期的な幸せ、つまり地位財ではなく、非地位財による幸せを重んじる経営とも言えそうです。

こういった長期的な視点で捉える経営のあり方は、今、欧米でも重要視され始めています。アメリカのアクセンチュアやデロイトといったコンサルティング会社、金融機関ではモルガン・スタンレーが年次報告を廃止しましたし、厳格な人事評価制度を採用していたゼネラル・エレクトリック社（GE）は2016年以降、年1度の人事評価公表も廃止しています。

**カネ・モノ・地位といったインセンティブ（外発的動機）よりも、皆がそれぞれの幸せを目指して働くということ（内発的動機）が見直され始めている**のです。

昔に戻るのではなく、猛烈な競争原理を利用するのでもなく、人々の普遍的な「幸せ」をしっかりと考える経営。一人ひとりがイキイキとやりがいを持ち、協力し、尊敬し合う企業風土。こうした組織を作り、調和を重んじることが、これからの時代に相応《ふさわ》しい企業経営のあり方と言えるでしょう。

## 日本人の特性を活かせば、幸せな組織は実現できる

とはいえ、経済環境は依然として厳しいままです。まずは業績を上昇させることが重要ですし、特に1人当たりの労働生産性が他の先進国よりも低い日本では、生産性をどう向上させるかが喫緊の課題と言えます。

そのため政府は躍起になって「働き方改革」を掲げ、生産性を向上させることによって、社会全体の利益率を上げようとしています。しかし、そこですっぽりと抜け落ちてしまっているのが「幸せ」という視点ではないかと思うのです。

どのようなやり方がベストなのかを合理的に考えたとき、「幸せ」という観点で捉えてみると非常にシンプルに事が運びます。なぜなら最終的には誰もが幸せになるべきであり、幸せな人は創造性と生産性が高いことはわかっているのですから。

このように書くと、ならば高度経済成長期を支えた従来の日本型経営が幸せだったのでは？　と考える方もいらっしゃるかもしれませんが、日本型経営の代表的な制度、年功序列や終身雇用などは、社員の幸せを重んじたというよりも、統治のための集団主義的な要素が大きく、かつての日本企業が幸せだったかどうかは賛否の分かれるところでしょう。

時は流れ、集団主義的な社会から、欧米と互角に戦うために個人主義的な社会へとシフトしました。しかし前述したように、私はどちらか一方に偏ってしまう組織のあり方には問題があると考えています。集団主義と個人主義、近代西洋型思想と古代東洋型思想のどちらか一方を目指すのではなく、両者のメリットを融合させ、組織を構成する私たち一人ひとりの人間が、それぞれの「幸せ」を目指し、相互で高め合うような「ウェルビーイング第一主義」にすべきなのです。

同時に、組織のあり方も、構成するメンバーそれぞれが互いを信頼し、力を合わせ、協力し、尊敬し合えるような、調和型の「ウェルビーイング型組織」とする。これこそが、これからの時代に相応しい組織のあり方だと考えます。

そんな理想論だけを振りかざした組織など、とうてい実現するわけないと思われる読者もいらっしゃるでしょう。いや、大半の方がそう思われるかもしれません。

では、会社ではなく、家族、あるいは家族経営の会社をイメージしてみてください。

家族はルールに縛られ過ぎず、信頼し合い、助け合いながら暮らしています。また、社員が5人程度の家族経営の会社では皆が話し合いながら、それぞれの能力に応じて強みを活《い》かし合い、一方でお互いの弱いところをうまくカバーし合いながら働いているのではないでしょうか。家族や家族経営でできていることなのですから、工夫をすれば、大きな組織でも可能であると考えるべきでしょう。

実際、これまで私は共同研究や研修などで多くの企業を見てきましたが、100人以上の組織でも、家族のように信頼感に満ち溢《あふ》れた組織は十分に実現可能です。

一つのチームや部署で成功し、社員がイキイキと働いて成果を出すようになれば、他部署や経営陣も注目し始め、徐々に会社全体が変わっていくのです。つまり大企業でも実現可能です。

そのためには何よりもまず、あなた自身が変わることが必要です。そして、仮にあなたの部下が10人いるとしたら、まずはこの10人のウェルビーイングを徹底的に向上させることを考えてみましょう。あなたのチームが輝けば、あなたの同僚や上司も気づき始めます。あなたが1万人規模の会社の経営者であれば、社員1万人が輝けるはずです。まずは気づいた人、できる人、できるチーム、できる職場からスタートするのです。

そして、このようなウェルビーイング第一主義への改革は、先進国の中でも日本が最も早く実現できる可能性があると私は考えています。それはなぜでしょうか。

自動車を例に挙げてみましょう。自動車はヨーロッパで発明され、アメリカで大量生産されました。では日本は何をしたのか。ハイクオリティでありながら、どこよりもリーズナブルな車を作ることに成功したのです。つまり要素の数が非常に多く、困難な課題を、面倒がらず、皆が一体になってコツコツきめ細かく解決する――それが日本人の強みなのです。

一般的に、欧米の大企業では、仕事は仕事、プライベートはプライベートと完全に切り離し、公私が融合した上での「幸せ」を目指そうとはしていません。

しかし日本人は違います。集団主義的な古代東洋型の価値観と個人主義的な近代西洋型の価値観、そのどちらをもしっかり理解し、人との距離感に敏感で、繊細な感覚を持つ日本人だからこそ、他者との有機的なつながりが構築できるのです。つまり、仕事とプライベートのどちらも幸せな状態を実現することができる。

仮に社員が10人であっても1万人であっても、全員が「幸せな状態にある」というシステムを世界に先駆けて実現できるとしたら、それは今、まさに働き方改革の限界を感じ、「より良い働き方」という課題に直面している日本人であるはずだと私は考えています。

## 個人主義的ウェルビーイングと集団主義的ウェルビーイング

では、社員全員が「幸せな状態」であるためには、どうしたらよいのでしょうか。第1章で説明した「幸せの4つの因子」を個人主義・集団主義という対立軸で捉え直してみましょう。すると、4つの因子は以下の2つに分類することができます。

左の図のように、どちらかと言うと個人主義的な因子は、第1因子（自己実現と成長）と第3因子（前向きと楽観）、そして第4因子（独立と自分らしさ）です。

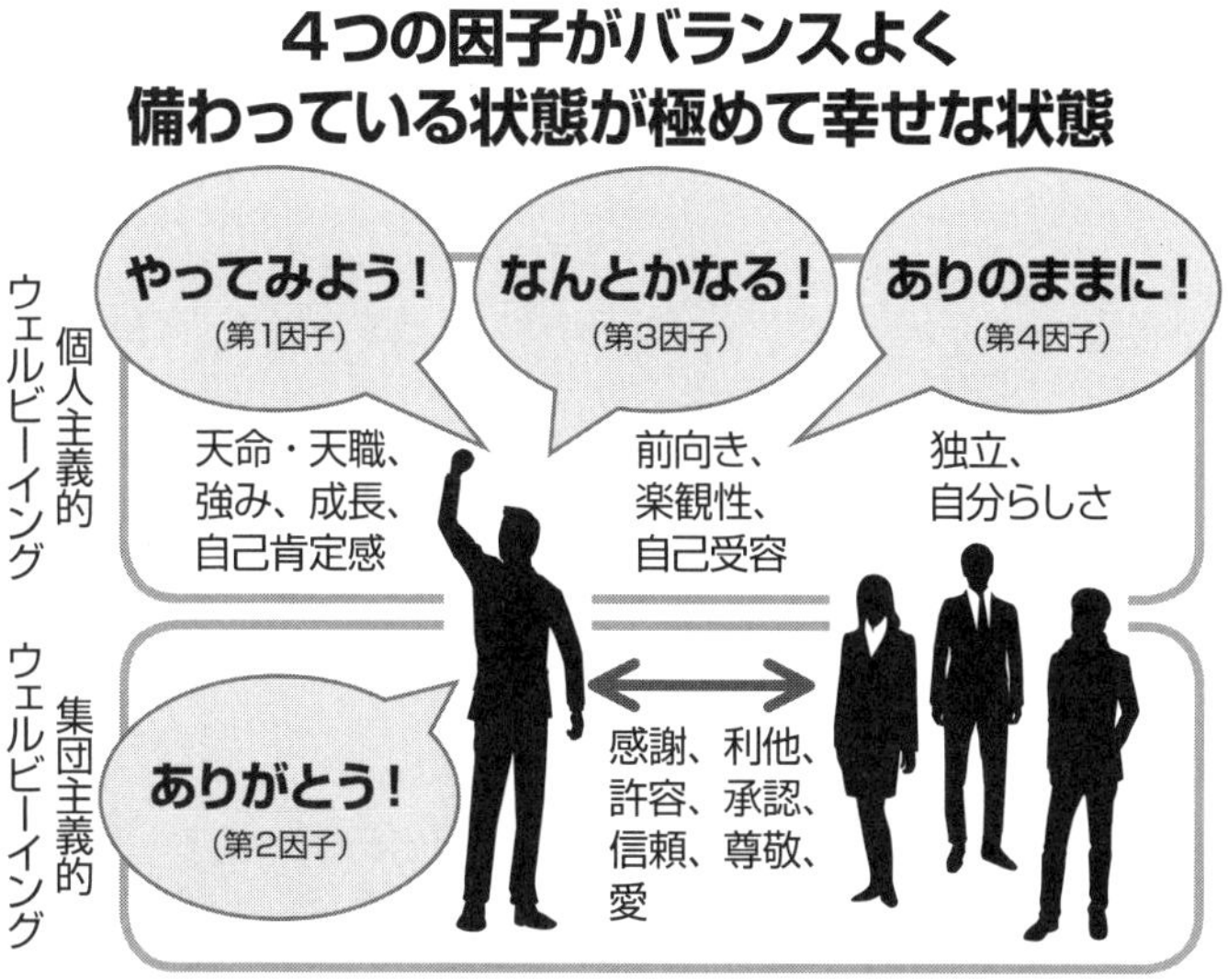


個人主義的ウェルビーイングと集団主義的ウェルビーイング

これらは、〝個〟の幸せを目指す「個人主義的ウェルビーイング」と言えるでしょう。

一方、第2因子（つながりと感謝）は、〝皆〟の幸せを目指す「集団主義的ウェルビーイング」と言えるでしょう。

4つの因子がバランス良く備わっていることが、長続きする幸せを手に入れるための要素だとお伝えしてきましたが、言い換えれば、個人主義的ウェルビーイングと集団主義的ウェルビーイングという2つの大きな要素をバランス良く高めることが、幸せな組織、幸せな社員を育む重要な手がかりになります。

では、職場でこの2つのウェルビーイングを高めるためには、どうすれば良いのでしょう。我々は各企業において、自分の強みと弱みを知るためのワークや、個人の幸福度を上げるハッピーエクササイズ、各人の良い点を指摘し合うリフレクション（振り返り）のワークなどを通して、メンバーの幸せの4因子を高めるためのワークショップを行っています。ここでは職場やチームのウェルビーイングを高めるための基本的な考え方をお伝えします。

## ①個人にフォーカスしたウェルビーイング向上方法

基本的に、人は幸せであるためには自己肯定感を高く持ち、自分を許し、信頼し、敬い、愛することが重要です。これらがあってこそ、さまざまな局面でも「やってみよう」、「なんとかなる」、「ありのままに」と思えるからです。

自己肯定感が高い状態とは、自分のことが好きで、自分に自信があるという状態のこと。自分を許すとは、過去の過ちやトラウマも受け入れること。信頼とは、自分は信頼できる存在だと思うこと。敬うとは、自尊感情を持つこと。

これらを総称すると、自分を愛するということです。セルフコンパッション（自分への愛、慈悲）とも言います。自分を愛するためには、自分なりの強みを持つことも重要です。

職場やチームでは、たとえば「**理念の共有**」が有効です。目先の「自分がやるべきこと」ではなく、そもそも根本的に「皆でやりたいこと」を共有することは、やりがいにもつながるからです。

**会社の理念や、各人が「心からやりたいと思うこと」を再確認し、メンバー同士で共有し合う**
↓
**チームメンバーの一人ひとりがやる気を持つことができる**

さらに、部下やチームメンバー、同僚などに対しても相手を尊重し、許し、信頼し、敬い、愛することが必要です。

そのためには、たとえば「**権限の移譲**」が有効です。

**些細《ささい》な案件でもいいので、リーダーはメンバーに権限を委譲し、任せてみる**
↓
**チームメンバー一人ひとりが主体性を持つことができる**

もしも部下の失敗を恐れている自分がいるなら、まずは部下をしっかりと育成することが重要です。そして、その上での失敗ならば許せる自分になることが必要です。「長い目で見たら、この失敗には意味がある」と失敗を俯瞰的な視野で捉え、短期的な利益にとらわれ過ぎないことです。

部下やメンバーに仕事を任せるためには、上司やリーダーにも前向きさと楽観性が求められるのです。

**ポイント**

- **短期的な利益　×**
- **近視眼的な視点　×**
- **部分にとらわれず、常に全体を見る　◯**

## ②集団にフォーカスしたウェルビーイング向上方法

基本的に、他者を許し、信頼し、敬い、愛することが重要です。その際に大切なのは、つながりと感謝の気持ちを持つことです。

他者を許すということは、相手の過去の過ちや不満な点も受け入れるということ。

信頼とは、チームメンバー内の信頼関係を強くすること。敬うとは、上司も部下も人間として尊敬することです。これらを総称すると、皆を愛し、コンパッション（愛、慈悲、思いやり）を持つということです。

職場では、たとえばメンバーの話を「傾聴」することや「対話」すること、メンバーに「感謝」することなどが有効でしょう。特に「対話」が重要になります。

**チームメンバー全員で「本質的なこと」を話し合う**
**←**
**チーム全体に信頼が生まれ、同じゴールを目指すことができる**

ここでの本質的な話し合いとは、難しい議論をするということではなく、しっかり相手と向き合って対話するということです。

このときに特別なテーマは必要ありませんが、どちらかと言えば、俯瞰的で大きな話が効果的です。「今、どんなことにワクワクする？」とか「最近、嬉《うれ》しかったことは？」など、業務以外の話題で気楽に話せることから、「そもそも、なぜこの仕事をしているの？」「そもそもこの仕事のどこが好きなの？」といった深い話まででしてみましょう。

いずれにせよ、**浅い話にならないためには、「知識を交換する会話」よりも、相手の「感情が出せるような会話」をすることが大切**です。

その際は当然、相手が発した言葉や内容に対しての否定は禁物です。論理的にも感性的にも、自分の発言に責任を持つことが重要です。

つまり、上司だからといって物ごとを決めつけるとか、勝手なことを言い放つべきではないでしょう。すべてのメンバーに対して思いやりを込めて、愛のある対話を心がけましょう。

## 閉塞感を抱える組織が変わるには

個人や職場の幸福度を高める方法については第5章の実践編でさらに詳しく述べますが、ここでは閉塞感を抱える日本の組織をどう変えていくかという視点から述べてみたいと思います。

私は日々、研究やリサーチ、講演などを通して、大・中・小企業のそれぞれに勤めている人、企業を辞めて起業家へと転身したり、地方へ移住した人など、多種多様な経歴や立場の人とお会いしています。実を言うと、今、その中でもっとも辛《つら》そうな表情をしているのが、大企業に勤めている方ではないかと感じるのです。

もともと日本の大企業に勤める多くの方は、学生時代から優秀で、上から言われたことを正確にこなし、愛社精神も強い人が多かったのではないでしょうか。

ところが今、大企業の一人ひとりに話を伺うと、正直に言って、なぜか幸せそうではない方が少なくありません。規模の大きい企業の社員ほど笑顔が少なく、閉塞感を感じているような印象を受けます。ご本人はそう感じないかもしれませんが、それ以外の人と比べてみると明らかです。戦後の高度成長からバブル時代、そしてリーマンショックを経て、失われた数十年を経験する間に、職場のストレスと不幸が鬱積《うっせき》しているように思います。

同様に、上場企業の社長さんたちも、会社員の方とさほど違いません。多くの経営者は、株主はもちろん、社会の目などあらゆる利害関係者から受けるストレスと孤独を抱えながら経営しているように見えます。一見、権限があるように見えますが、大改革を起こすことは、やはり容易ではないのでしょう。

そもそも大企業という組織形態は、戦後の「洗濯機や冷蔵庫、自動車をガンガン作って売るぞ！」といった大規模化・効率化の時代に適した組織形態でした。

他方、第4次産業革命とも呼ばれる現代では、驚くべきスピードで情報革命が進み、1分1秒単位で新しいものを生み出すことが求められがちです。当然、それに伴う意思決定にもスピードが求められます。その結果、カリフォルニアなどの新しくて小さな企業がこれまでにない新しいことをスピーディーに始め、アメリカの大企業を次々に追い越していくという、映画のような本当の話が生まれているのです。

では、日本の大企業が変わるためにはどうすれば良いのでしょうか。

たとえば、一度は撤退したソニーの「AIBO」が「aibo」として返り咲いた話は記憶に新しいですが、この成功の裏には、辛く大変な時期にもチーム全体が後ろ向きにならなかったことがあります。AI搭載のロボット作りを通して「ソニーらしさ」を復活させたいという熱いビジョンを持ち、メンバー同士が互いに信頼し合い、深い思考が行われました。不要な部分は切り捨てながらも、「自分たちが本当にやるべきこと」にフォーカスした結果、次世代のイノベーションを生み出すことができたのです。これはある意味、日本企業の長所を示す象徴的な出来事と言えるのではないでしょうか。

ソニーのようなイノベーションを起こすためには、必ずしもトップが変わればいいという話ではありません。トップはもちろん、組織全体が活性化し、社員が同じベクトルを向いていること、つまり企業風土の醸成がしっかりと行われていることが大切です。

**実際のところ、創業者やトップの理念やビジョンが組織全体に浸透している会社の社員には幸福度の高い人が多いことは明らかです。**

昔で言うソニーやホンダがその好例ですが、私がエンジニアとして働いていた頃のキヤノンも魅力的でした。当時は賀来龍三郎《かくりゅうざぶろう》さんが社長でしたが、会社の目的は「世界一の製品を作り、文化の向上に貢献する（利他的理想）」と「理想の会社を作り、永遠の繁栄をはかる（自利的理想）」こと。今思えば、集団主義的理想と個人主義的理想を包含したメッセージです。社長の言葉に感動したことを今でも鮮明に覚えています。

企業のトップや経営陣が、どこまで本気のメッセージを出せているか。嘘偽《うそいつわ》りなく、心からそれを実現させようという強い意志を持っているか。

これらは、社員に伝わります。現代の多くの企業の理念を見ると、美しくまとまってはいても、魂が込められているとは感じられないケースも少なくありません。また、例外はあると思いますが、創業社長かサラリーマン社長かでも、自社に対する想いや熱量は異なるかもしれません。いずれにせよ、理念を「自分の言葉」で心から語ることのできるリーダーが上からも下からも慕われることは明らかです。

では、社長に強い信念やイノベーションを起こそうという気概がなければ、企業は変われないのでしょうか。当然、トップが変わることで、会社全体が急スピードで素晴らしい変革を起こす例は数多《あまた》あります。

しかし一方で、この本のテーマでもある「ウェルビーイングなチーム」が社内にポツポツと出現し始めれば、必ずや会社全体に良い影響を起こすと私は考えています。なぜなら、すべての革新は「誰か」から起こり、一般的にそうした変化は「辺境」から起こるからです。多くのイノベーションは主流の隣で起こるのです。

実際に私は、某中堅メーカーにおいて、一人の若い女性社員による声掛けが周囲を変えていった例を知っています。

自分の職場の風通しの悪さに気づいた30代の女性は、第3章に登場する伊那食品工業の塚越寛最高顧問の「幸せなチーム経営」を説いた本を読んで感銘を受け、塚越寛さんの講演会や伊那食品工業に通って何度も話を聞いたそうです。そして彼女が同僚に、そのユニークな取り組みや「幸せなチーム経営」についての話をすると、話を聞いた人たちも強い関心を抱き、塚越寛さんの話を聞くために伊那食品工業を訪れるようになりました。

すると、そのうち職場の雰囲気が徐々に風通しの良いものに変わっていき、それと連動するように、部署の業績もアップしていったそうです。そうなると、上司や上長もその動きに関心を持たざるを得なくなり、塚越最高顧問のもとに話を聞きに行くようになりました。一人の女性社員の意識と情熱が、結果的に組織を大きく変えていったのです。

トップである社長や経営陣の主導で社内改革が進むことは一つの望ましい形ですが、このように組織の片隅、たとえばあなたのチームから変革を起こすことも十分に実現可能なのです。しかもそれが実現できれば、多くの人たちの希望となります。繰り返しますが、そのためにはまずチームリーダーやチームメンバーの一人であるあなた自身が「幸せな状態」であることが大切です。そして、自らの想いやビジョンを語り、深い対話を通して、共に働くメンバーたちとの信頼関係を築いていくことが必要です。

## 職場の雑談には大きな意味がある

ここ数年、働き方改革の一環として、各企業独自の改革や、それに準ずる取り組みをスタートさせる企業が増加しています。大いに進展を期待したいところですが、あまりうまくいっていないケースも少なくないようです。

たとえば、労働時間短縮や残業を減らすための業務効率化や生産性向上が注目されますが、そのためにチーム内での行事や飲み会、ちょっとした雑談などまで廃止してしまうケースをよく耳にします。

飲み会や雑談は一見、無駄なコミュニケーションのようですが、実は大切な意味を持っています。何気ないコミュニケーションを通じて、互いに想いを形にし、興味を共有し、信頼を深める場となり得るからです。

実際、コミュニケーションの量が減少すれば、その場にいる人々の幸福度は下がります。幸福度が下がれば、生産性や創造性も低下しますから、本末転倒です。社内の雰囲気も、シーンと静まり返っているより、**ある程度ざわついている方が仕事の効率が上がる**という研究もあります。

ストックホルム大学の研究によると、**普段から注意力が散漫な子どもにテレビの砂嵐のような雑音（ホワイトノイズ）を聞かせると、集中力が高まる効果があった**そうです。論文には、集中力のある子どもには逆効果であることも書かれていますが、タスクとは無関係な、ある程度の騒音は集中力向上に効果が期待できますし、そのような環境ではイノベーションも起こりやすくなります。

なぜなら、**イノベーションは「想定外の発想」から起こりやすいため、多様な刺激を受ける環境の方が脳も活性化し、普段思いつかないような閃《ひらめ》きが得られると考えられるからです**。また、「これは無駄かもしれない」と思えるようなアイデアでも前向きに出し合い、認め合うことでイノベーションが起こることもあります。

以前、訪れた株式会社スノーピークビジネスソリューションズの本社オフィスは、素晴らしい環境でした。

オフィスのいたるところに観葉植物が吊《つ》るされており、社員それぞれが責任を持って手入れをしていました。座席も半ばフリーアドレスのようなシステムで、出社すると「今日はこのエリアです」と決められたエリアの中で、各人が好きな席を選ぶ仕組みになっています。特定の人とのコミュニケーションのみに陥ることなく、全社まんべんなくコミュニケーションできるように工夫されているのです。社員のためのフィットネススペースもあり、オフィス自体がユニークで快適、なおかつオシャレですから、働いている人たちもイキイキとしており、表情も幸せそうでした。「幸せ」という概念でのハードとソフトには、やはり相関関係があるのです。

また、最近は、一般的に朝礼を縮小する傾向にありますが、朝礼が社員のモチベーションアップにつながっている例もあります。

ホワイト企業大賞に輝いた実績もある徳島県の西精工株式会社は、高品質かつ高精度、さらに極小のネジ製品で、日本中の大手自動車・家電・機械メーカーと対等に取引している優れた中小企業です。特に国産車では、西精工の製品が使われていない車はほとんどないと言われるほどの会社です。

この会社では、毎朝、朝礼をなんと1時間も行っているのです。その1時間で、たとえばある日は会社のミッションや理念について話し合うそうです。またある日は、それぞれ各人の先週の1週間に起きた出来事を開示し合います。

その1時間の朝礼を、社員たちは心から楽しみにしているそうです。自分たちのネジを使った車が今もまさに世界中を駆け回っているのだという誇りとやりがいを感じてから仕事に入る。あるいは先週、自分の周りで起きた出来事や課題を共有し、課題については皆と解決策を話し合うことによって、チームが一丸となって仕事に入ることができるのです。

「働き方改革」によって、朝礼や雑談などの無駄を排除して労働時間を短縮しようとするよりも、朝礼や雑談で従業員の幸福度が上がれば、創造性は3倍になり、生産性は1・3倍になるのです。これが本当の働き方改革ではないでしょうか。

## 従業員満足度から従業員幸福度へ

繰り返しますが、従業員が幸せになることが結果的に会社全体をも幸せにします。ですから、これからは「従業員満足度」ではなく「従業員幸福度」を向上させることに力を入れるべきです。

というのも、従業員満足度は仕事内容への満足、職場環境への満足、福利厚生への満足など「部分的な充足」を測る指標であるのに対して、従業員幸福度は、社員としての部分的な満足感だけではなく、人間関係や家庭環境、余暇の楽しみなどをすべて含む、人間としての「人生全般に関わる全体的な充足」を測る指標であるからです。**従業員満足度よりも、従業員幸福度の方が生産性に寄与している、**という研究結果もあります。

働き方改革も同様です。現状では、時短や残業削減など、単なる「働き方の改善」になりがちです。「改革」を実現するには、働き方自体を抜本的に変革する必要がありますから、「幸せ経営改革」を行うと同時に働き方改革を行うべきです。

しかしながら現状は程遠く、いまだに政府関係者には「国民の幸せよりＧＤＰやＧＮＰを増やすことが先決」と言う方もいて、まだまだ改善の余地がありそうです。

前述したように、日本の労働生産性は先進国の中でも非常に低く、ＯＥＣＤ加盟36カ国中20位、主要先進7カ国中では最下位という状態です。なぜ、陽気でゆったりとしたイメージのイタリアやスペインよりも低いのでしょうか。

ここでも、私は幸せと仕事の質との相関関係を感じずにはいられません。長時間、ストレスフルな状態でやりたくない仕事をしていたら誰だって生産性は上がりません。働くことに喜びややりがいを見いだせれば、自《おの》ずと生産性は上昇するはずです。

では、仕事に喜びとやりがいを見いだすには、どうしたらいいのでしょうか。

私は、自分なりのビジョンが明確で、ある程度の自由裁量があれば、人は主体的に考え、動けるようになると考えています。上司から細かく指示を受けて動くよりも、大きな枠で年俸と目標だけ与えられ、あとは自由にやっていいと任せられたら、必然的に頑張ろうと思えますし、個人の強みが発揮されやすくなるのです

これを図にすると、左図のようになります。ホラクラシーのように、皆がネットワークのようにつながり合い、あらゆるところでシナジーが生まれるのです。

反対に堅牢《けんろう》なるヒエラルキー型組織を徹底すると、幸福度は低くなるでしょう。ティール、ホラクラシーといった組織が注目されているのは、従来のヒエラルキー型組織が疲弊しきって生産性も上がらないことに、皆が気づき始めたことを意味しています。

## 管理しない一丸チームが結果を出す

生物のすべての細胞組織にはDNAがあります。つまり、細胞一つひとつには身体全体のことを把握できるシステムが入っているというわけです。生物においては、すべての部分が「全体」を考えられるのかもしれません。

一方、社会組織では、効率化のためにトップ層だけが全体のことを考えればいいという考え方になりがちです。このやり方では多くの人が思考停止してしまうため

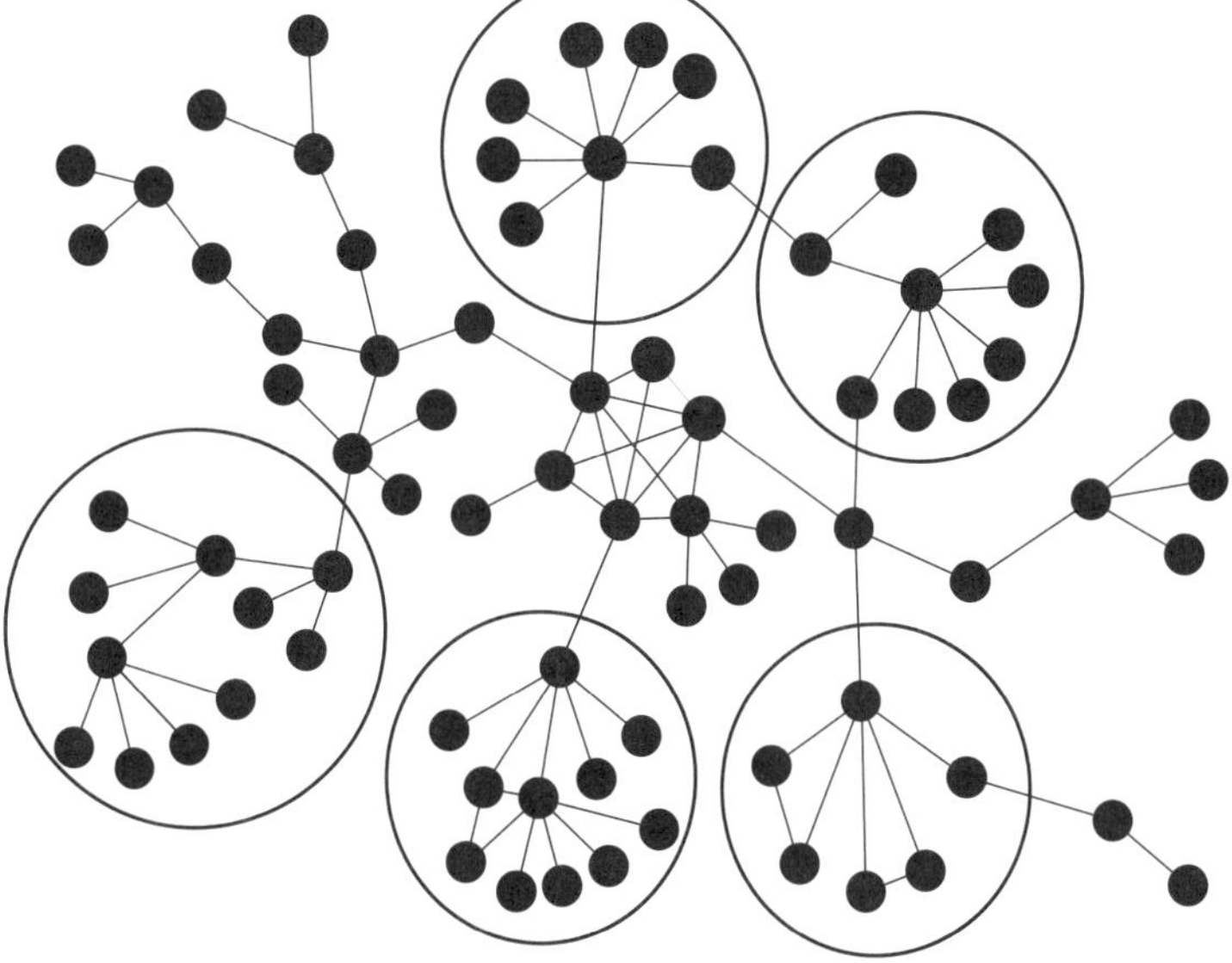

ネットワークのようにつながり合う組織のイメージ(円はチームなど)↑と
従来のヒエラルキー型の組織のイメージ↓

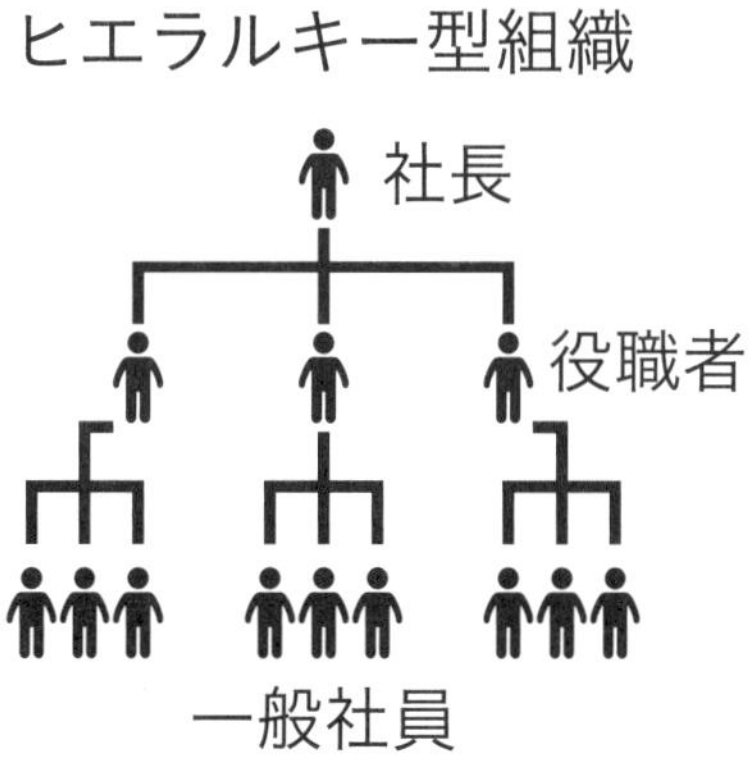

に、想定外の事態に対して脆弱《ぜいじゃく》になりがちです。このため短期的な利益は出せても、長期的な繁栄は期待できません。

たとえば1万人の社員を抱える企業の優秀なトップが秀逸なビジネスモデルを構築することで、売り上げがグンと伸びたというケースを考えてみましょう。

この場合は当然、管理型の組織体制をとることが、当面は効率的です。しかし、管理し過ぎたとすると、トップ1人の力に依存して1万人の知恵は有効活用されていない状態になります。これぞ、まさにブラック企業になり得る素地と言えるでしょう。ただし、短期的利益は圧倒的ですから、社会的インパクトもあり、注目されるかもしれません。

ところが、もしもこのトップが何らかの要因で不在になったらどうなるでしょう。あるいは、トップも予期せぬ不確定要因が社会に生じたら……。恐らく経営は悪化し、疲弊した従業員は病んだり、辞めたりしていき、組織も脆弱なものとなり、ひどい場合には経営破綻を余儀なくされるでしょう。

他方、1万人の知恵と力を融合させ、一人ひとりが強みを発揮する組織では、突然トップが交代したとしても、突然予期せぬ事態になっても、社員が力を合わせて問題解決できるので、困難を乗り越えられるはずです。

管理し過ぎないマネジメントと言えば、最近のスポーツの世界でもその明暗が顕著です。元サッカー日本代表監督の岡田武史さん然《しか》り、青山学院大学陸上競技部の原晋監督然り。リーダーとして高い資質を兼ね備えた彼らは、旧態依然としたスポーツ界にありながら、メンバーの個性を活かし、チーム力を高め、最高のパフォーマンスを発揮できるよう、調和型のリーダーシップを発揮しています。選手を管理するのではなく、信頼し、任せた結果、優れた結果が導き出されているのです。

話をビジネスに戻しましょう。10年、100年という長期スパンで考えると、トップだけに依存する従来型経営では変動に弱くなります。そうではなく、社員一人ひとりが輝きながら協力し、社長と同じような気持ちで仕事に取り組む組織は、変動にも耐えられます。そこにあるのは競争や戦いではなく、「共創」や「調和」です。

たとえば、こんなチームを想像してみてください。あるチームは常に活気があり、目標に向けて皆が一丸となっている。チームメンバー同士のコミュニケーションが良好で互いに信頼し合い、認め合っているから、チーム全体がポジティブな空気に包まれている。チームの業績も良く、欠勤率・離職率もほぼゼロ。当然、メンバーは誰もが楽しそうに仕事をしているし、生産性も上がっている。するとどうでしょう。他部署の人たちはそのチームを無視できなくなります。メンバーは楽しそうで業績も好調。「何だ？　あのチームは」と少しずつ真似《まね》をするようになっていく。

実際、良いスパイラルの渦中にいるチームは、このようなイメージです。私がキヤノンのエンジニアだった頃のある部署も同様の雰囲気でした。チームメンバーが力を合わせて新しい開発を進めていましたが、その時間は精神的にも物理的にも皆が一丸となっていましたし、「あいつはダメだ」などと誰かの悪口を言う者などいません。本当にうまくいっているときは、全員が力を合わせているものなのです。

そのためには、まずチームリーダーがこの考えを信じ、メンバーたちに拡散していく必要があります。そして、どんな人の中にも必ず素晴らしい部分がありますから、リーダーはそこを引き出すべきです。もちろん、リーダー自身も自らの良い部分を見いだし、引き出す必要があります。

一人ひとりが目の前のことだけでなく、全体のことを主体的に考えながら行動する、自律型の組織形態が求められているということです。主体的になることで人はさまざまなことを学び、成長します。学びや成長、達成感は幸せの第1因子「やってみよう！」因子に関連します。つまり主体的であることが幸せにつながるのです。

私がこれまでお会いしてきた、社員の幸福度が高い企業の方々も同様でした。社員一人ひとりが幸せであることこそが、組織の好循環へとつながっているのです。

## 次世代リーダーの鍵は「愛」

では、チームメンバーの強みを引き出せるリーダーになるためには、どうすればよいのでしょうか。答えはシンプルです。一人ひとりを「愛する」ことです。

「愛」などというと嫌悪感を示す読者もいらっしゃるかもしれませんが、**ここでお伝えしたい「愛」とは、コンパッション（深い思いやり、慈悲）やリスペクト（尊敬）といった意味に近いもの**です。もちろんこれらはウェルビーイングと深く関わっています。

最近よくビジネスシーンで見聞きするようになった「コンパッション」とは、現在では「他者への思いやり」「相手の気持ちに寄り添うこと」と訳されることが多いですが、実はもともと仏教用語で、日本でも根づいていた「慈悲」の思想です。

愛があれば相手をよく観察し、何か困っていないか、役に立つことはないかと想いを巡らせます。そのためには、まず対話を通して相手のニーズや思考を知ることが必要です。

一方で、自分自身を愛することも大切です。つまり自己肯定感・自尊感情が高く、自己受容ができている状態です。自分を愛せなければ、他者を愛することはできません。自分を許し、認め、大切にするとともに相手も許し、認め、大切に扱う。自己肯定感や自己受容の低い人は、自分だけでなく、他者を肯定することや他者を受容することも苦手で、「あいつが憎い」「嫌だ」という感情を持ってしまいがちです。

ですから、まずは自己を受容し、他者を受容する。それができたら、信頼する。自分を信じ、周りの人たちを信じる。それができたら尊敬です。自分を敬い、大切にする。同様に、周りの人たちも敬い、大切にする。それをすべて合わせると「愛」になるのです。「承認」し、「信じ」、「敬う」。これだけです。それができるリーダーこそ、ウェルビーイング第一主義型の真のリーダーと言えます。

つまり、求められるリーダー像は、牽引型《けんいんがた》のリーダーから調和型のリーダーへ、そして愛のあるリーダーへと大きく変わりつつあるのです。もちろんその方が、皆が幸せであるのみならず、長期的に見ると効率的だからです。

しかし、たったこれだけのことがなかなかできず、苦しみ、憎しみ合ってしまう、ということに陥りがちです。愛社精神という言葉はよく聞きますが、会社組織自体ではなく、共に働く仲間や経営者を愛することこそが必要なのです。

あなたが変われば、確実にチームも変わります。そしてチームが変われば、会社が変わり、社会が変わっていくのです。

# 第3章

# 幸せな職場の実践例

# 日本の「ずば抜けて優れた」幸せな4社

第1章と第2章を通して、これからの時代は集団主義でも個人主義でもない、東洋と西洋の叡智《えいち》が融合した「ウェルビーイング第一主義」が主流になるべきだとお伝えしました。

そこで第3章では、実際のビジネスの現場においてウェルビーイング主義的な理念やビジョンの策定、組織作りがなされている優れた4社の事例をご紹介します。その中で、各企業の代表あるいはウェルビーイング向上におけるリーダーたちの声をご紹介します。

いずれも、多くの方が「自分の会社とは違い過ぎて真似《まね》できない」と思うくらいの素晴らしい例です。しかし、ご紹介する事例や方法の中には他社で実現可能なものも少なくありません。本章ではあえて、すば抜けて優れたこれら4つの例を示します。大きな山を見上げ、その高さを見極めてこそ、そこを登りたいという人の向上心に火がつくものと信じるからです。

# まるで従業員全員が家族のような幸せな会社

## 伊那食品工業株式会社

お話を伺った方――代表取締役社長　塚越英弘氏

### 会社は社員を幸せにするためにある

寒天の国内シェアの8割を占め、48期連続の増収増益という業績を成し遂げながら、「社員の幸せを目的とした経営を実践する企業」として注目されている、長野県伊那市に本社を置く伊那食品工業。坂本光司氏のベストセラー『日本でいちばん大切にしたい会社』（あさ出版）でも取り上げられている会社です。

私は数々の幸せな会社を訪問してきましたが、その中でもナンバーワンと言っても過言ではないでしょう。社員の心が見事に一つになっています。どちらかと言えば集団主義的なウェルビーイングの要素が強い会社です。言葉では伝えきれない素晴らしさを、皆さんも機会があったら訪問して、ぜひご自分の目で確かめてみることをお勧めします（伊那市の本社には大きくて美しいガーデンがあり、開放されています。詳しくは会社のホームページをご覧ください）。

今回は、代表取締役社長の塚越英弘さんにお話を伺いました。

塚越社長の父、塚越寛さんは長く経営に携われた後、今は最高顧問となられています。その著書『リストラなしの「年輪経営」』（光文社知恵の森文庫）は、トヨタ自動車の豊田章男社長もその内容に共感し、経営の参考にしていると言われる名著です。

伊那食品工業の社是（理念）は、「いい会社を作りましょう」です。子どもでも理解できるほどシンプルでわかりやすく、誰の心にもすとんと入ってくる素晴らしい理念です。飾り気がなく素朴なので、読んだだけで「本物」の理念であることがわかります。

この社是を実現するために、社内には以下のような10箇条が掲げられています。

《「いい会社」をつくるための10箇条》

**1、常にいい製品をつくる。**
**2、売れるからといってつくり過ぎない、売り過ぎない。**
**3、できるだけ定価販売を心がけ、値引きをしない。**
**4、お客様の立場に立ったものづくりとサービスを心がける。**
**5、美しい工場・店舗・庭づくりをする。**

6、上品なパッケージ、センスのいい広告を行う。
7、メセナ活動とボランティア等の社会貢献を行う。
8、仕入先を大切にする。
9、経営理念を全員が理解し、企業イメージを高める。
10、以上のことを確実に実行し、継続する。

（『リストラなしの「年輪経営」』より抜粋）

「会社は、まず社員を幸せにするためにある」という経営方針は常に一貫しており、脈々と受け継がれています。以下にその経営方針の一部を挙げてみます。

・信頼される商品やサービスを提供して、ファンを作る
・目先の利益や効率は求めない
・急激な成長は会社の「敵」と考え、需要があっても作りすぎない、売りすぎない
・売り上げや利益だけを追求する目標は立てない（毎年わずかの成長だけを目指す）
・業績の評価はしない
・ブームで得た利益は、一時的な預かり金と考える
・会議の際、不必要な資料は作らない

**・全社員の給料を毎年２%ずつ必ず上げる（60年間、実行されている）**
**・能力給にはしない。給料には、ほとんど個人差をつけない**
**・午前10時と午後３時はお茶タイムを設け、社員１名につき月５００円のお菓子代を支給**
**・10年間、社員や地域の幸せのための予算を創出し続けている。その額は年に10億円程度**
**・毎朝、多くの社員が自主的に会社の敷地内を清掃している**

これは伊那食品工業の「幸せなチーム経営」のほんの一部に過ぎませんが、これを見ただけでも「こんなこと実践できるはずがない」と感じる方もいるでしょう。ところが、驚くべきことにこれは経営陣だけでなく、社員一人ひとりにもしっかり浸透しているのです。

私自身、伊那食品工業を訪れるまでは半信半疑でした。こんなにも理想的な組織運営が果たして現実にあるのだろうか。もしかしたら、社員の一部は怠けていたり、会社の方針に不満を持っていたりするのではないか、と。

しかし、実際に最高顧問や社長、そして社員の皆さんと交流した結果、私の疑いは邪推に過ぎなかったということがよくわかりました。

私が「同期の社員とほとんど給料の差がなく、しかも、毎年給料が上がることがわかっているなら、中には怠ける人も出てきませんか？」、「自主的に掃除をしていると仰《おっしゃ》いますが、いやいや掃除をしている人もいるのでは？」、「会社や社内の人間関係に対して、ネガティブな部分はないんですか？」といった質問をするたびに、経営陣や社員の皆さんはまるで問いの意味がわからないというかのように少し戸惑い、首を傾《かし》げて考えた後で、「いませんねぇ……」「ないですねぇ……」と答えられるのです。まるで、清い心には邪悪な質問が理解できないというかのように。質問すればするほど、こちらの汚れた心が顕著になっていくようでした。

塚越英弘社長はこんなふうに語られました。

「我々は、会社全体を一つの大きな家族、『伊那食ファミリー』だと思っているのです。家族ですからルールは最小限でいいですし、会議も家族内で話し合うということですから、書類はほとんど必要ありません。

給料に差をつけないという点については、兄弟のこづかいをイメージしてみてください。兄弟ならば年の差で多少差が必要かもしれませんが、同い年の兄弟ならば差は必要ありませんよね。

掃除も同様です。家族で協力し合って掃除をするのは当然です。同じことを会社でもしているだけです」

上司が部下を評価して給料に差をつけなくても、サボったり怠けたりする社員は皆無で、各人がその人なりの最適最大限の方法を考えて会社に貢献しているというのです。従業員を信じて任せる経営の成果は、48期連続増収増益という業績に着実に結びついていいます。

社員を我が子のように信頼している姿勢は、経費の処理方法にも現れています。伊那食品工業では、経費を使う際にも、数万円程度であれば事前申請や決裁、事後報告書といった、わずらわしい手続きは不要です。

「家族が家族のために何かを買うときに、あえて理由は必要ないですよね。たとえ間違ったものを購入してしまったとしても、子どもが間違えて買ってきてしまったものなら、しょうがないなと思うだけですよね（笑）。それと同じです」（英弘社長）

すなわち、仲のいい家族でやっていることを会社でもやればいい。会社の５００人が家族のようになればいい。これが伊那食品工業の言う「いい会社」の考え方なのです。社長ご自身もニコニコしながら、「何も難しいことは考えていませんし、やってもいません。家族だったらどうするか、家族のようにやっていくにはどうするか、と常に考えているだけです」と仰っていました。

まさに、第2因子「つながりと感謝」を徹底的に実践した結果、社員のやりがい（第1因子）や自分たちらしさ（第4因子）も定着しているウェルビーイング第一主義経営と言えます。

## 「遠きをはかる」経営

今から30年以上前、現・最高顧問である塚越寛さんは、「会社は永続することに価値がある」と気がついたそうです。その際、**「遠きをはかる者は富み　近くをはかる者は貧す」**という二宮尊徳の言葉に出合い、「いい会社」を永続させるためには「遠きをはかる」ことが必要だと確信したのです。

以来、「遠きをはかる」は伊那食品工業の経営戦略になりました。目の前の数字や物ごとにとらわれるのではなく、周囲と自分の幸せを俯瞰的《ふかんてき》に捉え、これからどうすべきかを考える。それが「遠きをはかる」経営です。

また、塚越寛さんの言葉に**「年輪経営」**があります。木の年輪は毎年少しずつ形成され、急に成長したりはしません。それが自然な姿であり、企業もそうあるべきだというのが年輪経営の要点です。自分のことだけを考えるのでなく、社会全体の中で生きる経営です。

寛さん自らが心から「いい会社を作りたい」と思い、「遠きをはかり」ながら、年輪のような経営を目指した結果として、伊那食品工業ブランドが確立され、社員も業績も順調に伸び続けているのです。

1958年の創業当時、寒天業界にはすでに四十数社あり、最後発の伊那食品工業がもっとも小さな会社でした。そこで、当時社長だった寛さんはとにかく「いい会社を作ろう」と思い、コツコツと努力を続けたそうです。もしもこのとき「ベスト5を目指そう」とか、「猛烈に働け」という経営方針をとっていたら、今の伊那食品工業はなかったでしょう。

当然のことながら経営が軌道に乗るまでは大変だったと思いますが、その大変な最中であっても、念頭には「いい会社」を必ず作るのだという強い想いを持ち続けたと言います。

経営者が率先して汗をかき、会社に貢献する姿勢を見せることで、社員からの厚い信頼を得る。こうした調和型のリーダーのもとでは、そのホスピタリティが自然と社内へ広がり、協力的で自発的な組織風土が生まれ、発展していくのです。

結果的に伊那食品工業は寒天業界のベスト5どころか、寒天の国内シェアの8割を占めるトップ企業に成長しました。また、こうした企業理念に大きな感銘を受け、多くの就職希望者がつめかけています。今でははるか遠方からやってくる人も後を絶たないそうです。

## 「いい会社」「いいチーム」であることが、第一の目的

伊那食品工業では、幸せな職場やチームを作ることは、会社が繁栄するための手段や結果ではありません。幸せな職場やチームを作ることが第一の目的なのです。伊那食品工業では、そうしたチームビルディングのためにさまざまな取り組みが行われています。塚越英弘社長もこう語られています。

「そもそも、幸せなチームやいいチームを作るということを、皆さんは『手段』として考えてらっしゃるのではないでしょうか。いい組織を作って業績を上げようと、目的がそちらに行ってしまっているのです。

我々の場合はそうではなく、皆が楽しく幸せなチーム、組織になることは一番の『目的』なのです。結局、社員が幸せになるということはそういうことですから。

ですから、そのために必要な環境や福利厚生の制度を作ることと、設備面をはじめとした雰囲気作りや場作りをすることの両方が大事だと思っています。それが会

社の目的そのものなのです」

伊那食品工業にはさまざまな福利厚生施策がありますが、その中でも「いいチーム」作りに一役買っているのが、40年以上も続いている年に1度の社員旅行です。2年に1度は海外に行くそうです。社員の皆さんは毎年、この社員旅行をとても楽しみにしています。

そもそもこの社員旅行は業績が良くなってから行ったのではなく、業績が今ほど良くない頃から続けています。初めは香港でしたが、社員が非常に喜んでいるのを知った当時の社長・寛さんは、これは絶対に続けなければと思い、業績にかかわらず必ず毎年行くことにしたのだそうです。

ただし、工場の稼働を旅行のためにストップさせるわけにはいきませんし、500名の大所帯ですから、全社員が一斉に行くことはできません。そこで行き先の異なるツアーをいくつか用意し、社員の皆さんはそれぞれが行きたい場所を選びます。

1チームおよそ30～40名。普段は交流することのない多様な部署からも集まります。毎年メンバーが変わりますから、十数年勤めれば、ほぼ全社員と旅を共にすることになります。もちろん最高顧問や社長ら経営陣も必ずどこかのチームに入り、一緒に旅をするそうです。

近年、社員旅行をする企業は少なくなっています。人事労務分野の調査などを行う産労総合研究所の調査では、1990年代には社員旅行を行っている会社は9割近くありましたが、2004年には36・5%にまで減りました。2014年には、少し盛り返して46%になっています。

最近は、薄くなりがちな社員同士のコミュニケーションや絆《きずな》を深める目的として社員旅行が見直されるようになり、メンバーの絆を深めるために実施しているスタートアップ企業なども増えているようです。

確かに会社を離れた場所で同じ時間を過ごすのは、否《いや》が応でも仕事以外の話題を交わすことになりますから、互いのことを知り、わかり合える対話のチャンスです。

「当社の社員旅行は通常4泊で、1つだけルールがあります。それは旅行中に必ず1度は全員で集まって食事をしましょうということ。それ以外はすべて自由行動です。宿泊場所は決まっていますが、あとは何をしてもいいのです。とはいえ、結局、皆で集まることが多いのですが。

班別にしたことで、結果としていろいろな人と話ができたり、面識のなかった人同士もどこかのタイミングで知り合いになれたり、壁がなくなります。話したことがある人と仕事をするのと、知らない人と仕事をするのでは、全然違いますからね」

そしてもう一つ、社員の結束を深める大事な行事があります。毎年6月の第1土曜日に開催される「かんてんぱぱ祭り」は普段、別の場所で働いている社員たち全員が本社に集まり、総力を結集して楽しみながら取り組む一大イベントです。

本社の広いガーデンに手作りの屋台や模擬店を出し、弁当やお酒を販売するほか、お菓子なども無料で提供して一日中、地域やファンの方をもてなすのです。この日ばかりは敷地内での飲酒もOKで、社員も大いに楽しみます。目玉は無料で振る舞われる「あんみつ」と「ところてん」。地域の人々はもちろん、遠方からも訪れる人がおられ、毎年大盛況だそうです。

これも部署単位で取り組むのではなく、できるだけ分散し、多部署が共に協力し合えるよう工夫されています。そもそもこのお祭りの主旨は、社員が来場者にサービスするだけでなく、自分たちも楽しむためとのこと。OBやOG、社員の家族も大勢集まるので、普段よりもさらに大きなファミリーとなるのです。

500名近くもの家族（社員）を抱えると十分に責任を負えないのではないかと思われるかもしれませんが、経営陣からそうした気負いはまったく感じられません。

「確かに、責任感からは動いていないですね。たとえば、管理職という言葉はあまり好きではありませんが、当社にも管理職がいます。当社の場合、管理職というのはマネジャーに近い存在です。それも野球部とか、部活のマネジャー。いかに社員にとって働きやすい職場にするかを考えることが重要な仕事なのです。

最高顧問も常々、管理職の仕事は環境作りであり、部下の生活とその家族の状態に気を配ることが仕事だと言っています。ですから、設備投資の判断基準も、社員が快適になるかどうかなのです。業績や生産効率を上げることではなく、職場が快適になるかどうかが最優先です」（英弘社長）

社員の働きやすさと円滑なコミュニケーションを徹底した結果、社員のモチベーションが上がり、非効率なものが排除され、良い業績として返ってくるのです。

一時的な繁忙時には、他部署から手の空いている社員が応援に駆けつけることもよくあるそうです。互いに助け合う文化が強く根づいていることに驚かされます。家族と考えれば当然のことです、という経営陣の声が聞こえてきそうですが……。

現在は500名近くになる伊那食大ファミリーですが、以前、最高顧問の寛さんに話を伺ったときは、こうした経営スタイルをさらに大規模なトヨタグループなどでも実現できるはずだと仰っていました。最近は、トヨタの経営陣だけでなく、現場で働く人々も伊那食品工業の見学にいらっしゃるそうです。日本を代表する大企業が「幸せ経営をする会社」になる日も遠くないかもしれません。

最後に、英弘社長へこんな質問をしてみました。

「父上である最高顧問の偉大さに追いつこうとは思いませんか？」

社長は少し考えてから仰いました。

「いいえ、追いつこうと考えたことはありませんね」


他人と比較せず、自分らしく（第4因子）、前向きに（第3因子）、皆が信頼し合い（第2因子）、チャレンジする（第1因子）。それが人間本来の幸せな人生。

幸福学の研究者として、私は常々そう伝えています。まさに経営者から社員まで、皆が幸せの条件を満たしている会社。ウェルビーイング第一主義のお手本のような会社です。本質的な幸せを５００人近い人々が共有できるという実例が伊那食品工業なのです。

【会社データ】
伊那食品工業株式会社　設立：１９５８年６月18日／本社：長野県伊那市／社員数：４７０名（２０１９年１月現在）

# 個人の力を最大限に活かす会社

## ヤフー株式会社

お話を伺った方——取締役会長　宮坂学氏

### 才能と情熱を解き放て！

多くの読者がご存じのとおり、ヤフー株式会社は従業員数６０００人以上の大企業です。

２０１８年６月にヤフー株式会社の社長を退任し、現在は同社の会長になられた宮坂学さんは６年間の社長任期中、社員の「才能と情熱を解き放つ」というコンセプトを掲げて、社内の改革を行いました。名実ともに日本を代表するリーダーの一人です。

ヤフーでは、社員一人ひとりのやりがいや成長意欲に重点を置き、それぞれの個の力が集結することで、大きな組織としての好循環を生み出しています。すなわち、どちらかと言うと個人主義的なウェルビーイングを高めることで、組織全体のウェルビーイングの向上を目指した会社だと言えるでしょう。

一般的に「ブラック企業」が多いとも言われがちなＩＴ業界、しかも日本のトップクラスに位置する大企業において「社員の幸せ」にベクトルが向けられたことは、先進的な取り組みと言えるでしょう。

宮坂さんには、社長在任中から幾度となくお会いしてお話を聞いています。ヤフーには、私が共同代表を務める「みんなで幸せでい続ける経営研究会」にも参画していただいているので、大企業における幸福経営がいかに困難かをよく知った上で、社員の幸せを考える経営に果敢に挑んでこられました。

まずはじめに、宮坂さんが社長就任時に実施した制度改革の一部を掲載します。

## ■人事制度の工夫

### 【ワン・オン・ワンミーティング】

週に1度、30分程度、部下と上司が1対1で対話する制度です。

２０１２年の新経営体制移行時に、社員の「才能と情熱を解き放つ」というコンセプトのもと、社員一人ひとりの成長を戦略的に促す「人財開発企業になる」という方針を掲げました。また、ヤフーが根底に置いている目標である「経験学習を通して成長する」ためには、自分自身の振り返りや内省だけでなく、業務内容を把握しており、客観的に当事者を観察できる立場である上司との対話は欠かせません。

このために導入されたのが、上司と部下のワン・オン・ワンミーティングです。

ワン・オン・ワンミーティングは、上司が部下の直面している課題の解決や目標達成への支援をするという目的で行われ、部下の内省を支援し、効果的に経験学習をする役割を果たしています。

そのため、上司は部下の話を否定せず、最後まで聞くことが求められます。この際、上司は部下に自分の考えを押しつけずに、部下に質問を繰り返して部下が自分の考えをまとめる手伝いをします。そのため、社長だった宮坂さんはじめ、100０人以上の管理職社員にはコーチングの研修も義務づけられています。

宮坂さんご自身もこのワン・オン・ワンミーティングの効果は認められていますが、蛯谷敏氏の『爆速経営　新生ヤフーの500日』(日経BP社)によれば、現場でも人間関係の醸成に大きな効果が得られているようです。

どんなに業務が多忙でも、このワン・オン・ワンミーティングを週に1回、実施することによって、「30分という短い時間でも、定期的に部下と顔を合わせていると、何となく考えが理解できるようになる」とか「それとなく敬遠していた部下とも話せるようになった」という声が上がっています。

**【ジョブチェン】**

ヤフーの中で新たな経験にチャレンジしたい場合に、その希望を自己申告できる異動制度です。この制度によって、誰もが新しい経験にチャレンジし、成長につなげられる機会を提供しています。

**【どこでもオフィス】**

通信環境があり、連絡が可能であれば、どんな場所でも働くことができる制度です。

日常とは異なる環境に身を置くことで、アイデアの創出や業務効率の向上を狙っています。それに加えて、通勤による疲労からの解放やワークライフバランスの改善、育児・介護の負担軽減といった効果も期待できます。

**【課題解決休暇】**

ヤフーのミッションは「課題解決エンジン」。情報技術（ＩＴ）で人々や社会の課題を解決するということです。それを実行する上で、業務外においても多様な課題解決を経験してほしいという想いから、２０１３年４月より年度で３日を上限とし、業務以外の時間に誰かの課題を解決するために使える有給の特別休暇を開始しています（正社員が対象）。

**【サバティカル休暇】**

「あらゆる人が、その人の人生の社長であるべき」という考えのもと、自分のキャリアを見つめ直して考える機会を作り、本人のさらなる成長につなげることを目的とした休暇制度です。勤続10年以上の正社員を対象に最短2カ月、最長3カ月連続で取得でき（取得は1回のみ）、休暇期間中、サバティカル休暇の支援金として基準給与1カ月分が支給されます。

**【選べる勤務制度】**

育児や看護、介護などを行う社員を対象に、週4日勤務（週休3日）の勤務形態を選択できる制度です（希望者のみ）。

## ■オフィスの様子

２０１６年10月に開設された紀尾井町オフィスには、イノベーションを生み出す「情報の交差点」を創出するための施策がいくつも盛り込まれています。

【フリーアドレス】

社員同士のコミュニケーションとアイデア創出を促進するため、あえて机をジグザグに配置した「フリーアドレス」を導入。社員は、社内のどのフロアでも業務を行うことができます。

旧オフィスで行った社内調査では、「机をジグザグに配置したフリーアドレス」にすることで、従来の配置と比べて、ほかの社員との接点が増えるなど、コミュニケーション量が約2倍に増加することがわかりました。

そのため、新本社ではフリーアドレスを導入し、社員同士のコミュニケーションや交流を促し、情報が行き交う「情報の交差点」を作ることによって、新たなアイデアが創出されやすい環境作りを配慮しています。

【LODGE（ロッジ）】

紀尾井町オフィスでは2016年11月より、社員はもちろん、社外の人も利用可能なオープンコラボレーションスペース「LODGE」を開始しました。イノベーション創出のため、社外の人たちが出入りできて仕事やイベントを行えるスペースを設けたのです。また、社員も社外の人も使えるレストラン、カフェも併設しています。

社外の人がLODGEを使うことによって、ヤフーの社員も異なる価値観と接して刺激を受けたり、新たな出会いにつながったりすることも多いそうです。

## ■その他の工夫

### 【ヤフーアカデミア】

ヤフーの企業内学校として2014年4月に開校。「次世代リーダーの創出」を設立目的に掲げ、大勢の塾生がリーダーシップや問題解決について学んでいます。目的は、ヤフーアカデミアのすべての受講者が、ヤフー社内はもちろんのこと、社会に対してもリーダーシップを存分に発揮し、社会で輝ける「人財」になることです。自己成長や自己啓発を支援する取り組みが、社員のモチベーションアップや社内コミュニティの向上、企業文化の育成に一役買っています。

### 【チーフ・コンディショニング・オフィサー（CCO）】

社員の心と身体の健康増進を推進するための取り組みとして「CCO」を新設し、宮坂さんが2016年9月1日より就任。現在は、執行役員の湯川高康氏が担当しています。

このようにざっと挙げただけでも、実に多くの施策が行われていることがわかります。

ちなみに、２０１２年の新体制からの1年ほどでヤフーは、売上高、営業利益ともに過去最高の2ケタ成長を記録し、株価も2倍に上昇。こうした勢いはその当時、マスコミに「爆速経営」と報道され、大きな話題になりました。こうした好調の裏には、社員のやる気と向上心を引き出すための施策の効果があったことは想像に難くありません。

この改革を実行した宮坂さんご自身は、約6年にわたる社長任期中、どのようなモチベーションで改革を続けられたのでしょうか。

「そもそも、なぜ我々がこうした改革を始めたのかというと、前提としてソフトバンクグループの『デジタル情報革命で人々を幸せに』というビジョンがあります。ヤフーはそれをもとに情報技術（ＩＴ）を活用し、人や社会の課題を解決する『課題解決エンジン』を企業ミッションに、またヤフーが『課題解決エンジン』となって実現したい世界に向けて人々の生活と社会を一歩前へ進める『UPDATE JAPAN』をビジョンとして掲げて、事業を進めています。ですから、人々が不幸せな状態になり、それによってヤフーが利益を得たとしても、我々はまったく嬉《うれ》しくありません。

そう考えたとき、ならばそれを担う人たち、つまり社員についてはどうなんだろう？　という想いが湧き上がりました。働いていて楽しいとか、成長できていると思える人を増やすのも、会社のビジョンを実現するのと同じくらい大切なのではないだろうかと思い始めたのです。事業成長だけでなく、外からは見えない内側（社内）もしっかり整えていこうと思ったのが、人事制度改革のきっかけですね」（宮坂会長）

宮坂さんがこのような決断を下した背景には、宮坂さんご自身の言葉を借りると、利益が出ている会社だからできる「挑戦権」を得たということがあるそうです。なぜなら、利益を追求するのが企業の役目の一つであり、社会的責任であるからです。宮坂さんは言います。「企業の経営そのものが危機的状況ならば、社員の幸せに取り組みづらい。つまり利益が出て初めて、社員の幸せにフォーカスすることへの挑戦権が得られる」のだと。

当然、ヤフーほどの大企業になると、業績によって影響を受ける人たちが莫大《ばくだい》な数になります。従って、まずは企業が存続することが大前提であることは自明です。

その一方で、私が知る「幸せな中小企業」では、伊那食品工業のようにまず「幸せ」第一という会社が多いのも事実です。社員や関わる人たちの幸せを考え、実践し続けることで、自然と利益が出てくるという図式もまた同時に成り立つのです。

## 人事は、クリエイティブな仕事

ただし、企業経営と「幸せ」という言葉は、普段あまりセットでは使われませんから、人によってはだいぶ受け止め方が違います。大企業の社長である宮坂さんにとって、「幸せ」という言葉を使うかどうかは悩みどころだったようです。

「人の幸せというのはプライベートに関する領域の話ですし、会社から『おまえ、幸せになれよ』などと言われたくない社員だっていますよね（笑）。ですから、社内では『幸せ』よりも、『選択肢を増やす』という言葉を使っていました」

働いていて楽しい、また成長できていると思える人を増やすのも、会社のビジョンを実現するのと同じくらい大切。そう考えた宮坂さんたち経営陣は、社員の選択肢を増やし、働きやすくするために、人事制度改革に挑んだのです。

「私は、会社というのは2つのプロダクトを作っていると考えています。一つは外向け、ユーザー向けプロダクトやクライアント向けプロダクト。もう一つは社員向けのプロダクトです。そして後者が、いわゆる広義の人事制度だと捉えています。

当然、会社がルールを作っていくわけですから、社員向けのプロダクトの方は、人事制度を通して表現されるべきだと考えました。

たとえば、外向けのプロダクトを作るには、マーケットリサーチや製品コンセプトの決定など、さまざまなプロセスを踏みます。

一方、内向けのプロダクト、つまり人事制度は、改革前から一生懸命取り組んではいましたが、何か『ストーリー』が見えない気がしたのです。山ほど施策はありましたが、そこを貫く『何か』が足りないと感じたのです」


そこで、宮坂さんたち経営陣が考えたのが、人事制度のコンセプトを決めることでした。一般的に製品を作る際には「製品コンセプト」を決めますが、人事という制度にもそれを貫く一本柱となるコンセプトが必要だと考えた。それが『社員の才能と情熱を解き放つ』でした。シンプルなフレーズでありながら、リーダーの方針が明確に打ち出されている、素晴らしいビジョンです。

さらに、制度の中身を決めるにあたっては、トライ&エラーを繰り返しました。

「良い制度、良い働き方とは何かということを自分たちなりに言葉にし、社員に話を聞き、フィードバックを受けながら、修正を続けました。

どの会社でもそうかもしれませんが、そもそも人事担当者というのは、『間違いは許されない』といった無謬性《むびゅうせい》を求めがちです。ですから私は、当社の人事担当者には『そんなことは期待しない』と伝えました。

あまりにも無謬性を求め過ぎると、縮こまってしまって、何もできなくなります。製品でも、ＰＤＣＡ（「Plan = 計画」「Do = 実行」「Check = 評価」「Action = 改善」）。これらの４つを循環的に行うことで、効果的な開発や運用ができると言われている）を回すわけです。

人事制度も同じで、やってみないとわからないし、間違えてもいいと伝えました。人間に関わる人事の仕事は、本来はとてもクリエイティブな仕事のはずです。だからこそ、プロダクトを作るときのように人事制度を作り、コンセプトを作り、ＰＤＣＡやインタビューなどの調査をすることで、うまくいっているのかどうかを確認しながら回すべきなのではないかと思ったのです」

結果的に、宮坂さん発案のもと新たに制定され、実行された施策は、どの取り組みにも社員が成長でき、イキイキと自分らしい仕事を遂行できるような工夫と熱意が込められています。情熱と才能を解き放つことによる、個人主義的ウェルビーイング（「やってみよう！」「なんとかなる！」「ありのままに！」）の醸成です。

一方、ワン・オン・ワンミーティングは、深く対話することによって人間関係の醸成につながっています。集団主義的ウェルビーイング（「ありがとう！」）です。もちろん、深い人間関係は、情熱と才能を解き放つことにつながります。

結果として、ヤフーにはウェルビーイング第一主義経営が成り立っていると言えるでしょう。ヤフーのように、さまざまな施策を通して多くの社員が幸せになりながら社会を幸せにする大企業が、これからの日本にもっと多く輩出することを願ってやみません。

【会社データ】
ヤフー株式会社　設立：１９９６年1月31日／本社：東京都千代田区／従業員数：６５１５名
（２０１９年3月31日現在）

# 次世代型の組織形態
## ダイヤモンドメディア株式会社

お話を伺った方——代表取締役　武井浩三氏

### 日本におけるホラクラシー組織の先駆者

不動産テック企業として、不動産業界向けのWebソリューションを提供するダイヤモンドメディア株式会社は、不動産オーナー・不動産管理会社間のコミュニケーションプラットフォームを提供するサービスや、賃料査定とレポート作成に特化した不動産管理会社向け業務支援サービスを展開しています。

このダイヤモンドメディアは、「はじめに」でご紹介したホワイト企業大賞の2017年の大賞に選ばれています。

その評価ポイントとなったのは、「給料は皆で決める」、「肩書きや上下関係なし」、「財務情報は全部オープンにする」、「働く時間や場所、休みは自分で決める」、「代表、役員は選挙と合議で決める」などのほか、会社に関わるすべての人の幸せを徹底的に追い求めるために、既存の経営手法の枠を越えた斬新かつ革新的な経営を行っている点です。まさに現代的なウェルビーイング第一主義経営です。

本書にもたびたび登場する「ホラクラシー」や「ティール」といった組織のあり方は、これからの新しい時代を生き抜く企業にとって示唆的です。そのエッセンスを学ぶことは、未来の人類の生き方を学ぶこととも言えるでしょう。

今でこそ、ホラクラシー的な組織を実現させた企業としてさまざまなメディアから注目されているダイヤモンドメディアですが、代表取締役の武井浩三さんは、ホラクラシーやティールといった言葉が日本で聞かれるようになる以前から、本当に幸せな組織やチームのあり方について研究し、実践してきました。元ロックンローラーで読書好き、そして思索好き。若いながら、独自の道を切り開き、理想を見据える、個性的で魅力的な人物です。

実は、武井浩三さんにとって、ダイヤモンドメディアは起業2社目の会社です。ミュージシャンを目指したのち22歳の若さで起業するも、うまくいかず、1年足らずで売却。

その失敗体験をもとに、2007年9月に2社目となるダイヤモンドメディアを創業したのです。1社目の失敗でゼロに戻った武井さんは、ひたすら仕事や会社の本質的な存在意義や社会貢献について考え抜いたそうです。

「1社目の失敗で何より辛《つら》かったのは、事業を手伝ってくれていた友人の人生を振り回してしまったことです。会社を清算したとき、『自分は何をしたかったんだろう』と深く悩みました。当時の僕は『世の中に何か価値を残したい』という思いを持っていましたが、それは個人的な目標で、結局、独りよがりのエゴに過ぎなかったことに気がついたのです。

1社目の失敗は辛い経験でしたが、結果的には、この経験が会社というものの本質的な存在意義について考える、大きな転機になりました。そして会社の存在意義というのは、本来的には社会貢献でしかないはずだと考えるに至ったのです。

多くの会社では、社会貢献とお金を稼ぐことは別々になりがちです。ですから、一般的な企業では利益を得つつ、CSR（企業の社会貢献活動）を一生懸命、頑張ったりします。

でも僕は、次に会社を創るなら、100％社会貢献型の会社にしよう、皆が幸せになれるいい会社にしようと決めたのです」

もともと読書家だった武井さんは多くの本から、会社とは何か、組織とは何かといったことを学びました。中でも大きな影響を受けたのが、リカルド・セムラーの『奇跡の経営』（総合法令出版）。ブラジルのセムコ社の組織マネジメントについて書かれた本です。

セムコ社には組織図や階級がなく、人事部もないため、社員を管理する仕組みもありません。また、経営戦略と呼ばれるものも存在していないにもかかわらず、売り上げは6年間で3500万ドルから2億ドルへと急成長しました。一方、社員の離職率はゼロに近いという、驚くべき企業です。

会社における社会的な価値が社会貢献であることに気づき、セムコの『奇跡の経営』からも影響を受けた武井さんは、セムコよりもさらに純度の高い会社を作ろうと決意し、このような理念を掲げました。

**「会社は、関係する人だけでなく、関わるものすべてに対して貢献できる存在でなければ意味がない」**

しかし、多くのイノベーティブな企業がそうであるように、その道のりは決して順風満帆ではありませんでした。

「ダイヤモンドメディアは、今もなお試行錯誤中ですが、創立時に決意した『皆が幸せになれるいい会社、いい組織を作ろう』という想いだけは絶対にぶれないように心がけながら、日々、組織としてのアップデートを続けています。

皆というのは、顧客やパートナーや働く人だけでなく、その家族などを含むすべてのステークホルダー（利害関係者）、さらに地球環境や地域社会、日本という国、そうしたすべてのことです」

一般的に考えれば、皆が幸せな状態というのは非常に難しいと感じることでしょう。社員は幸せであっても関連企業やパートナーは無理を強いられているとか、顧客にとっては素晴らしい企業であるのに、働いている社員たちは疲弊している……というように、どこかがアンバランスで歪《ゆが》んだ構図になりがちです。しかし武井さんは、そのすべてを幸せにしようと決め、うまくいくような仕組みを作り上げようとトライしました。

ところが、やはりと言うべきか、事は簡単には運びません。

たとえば、公平性と情報のオープン化のために給料の情報をオープンにしたり、常に社員同士の話し合いで決めたりすることについて、社員が7、8名くらいまではうまくいっていたのに、10名を超えたあたりからうまく回らなくなり、不幸せとか不公平だと感じる人が出始めてしまった。武井さんは、とにかく話し合いの場を持とうとしましたが、分業化したことで時間が合わなかったり、時間的な問題でリアルなコミュニケーションがとれなかったりして、少しずつ社員同士の歯車が噛《か》み合わなくなっていきました。

新しい価値観が浸透するのには熱意だけでは難しく、試行錯誤が必要なのでしょう。武井さんもこう語っています。

「そもそも会社とは顧客や社会に貢献するためにあるのに、なぜそれができないのだろうと悩みました。加えて、社員が増えれば増えるほど、幸せな人と不幸せな人との格差が出てきて……。この時期は本当に辛かったですね」

トライ&エラーという名の長いトンネルをくぐり抜け、武井さんが行き着いたのは、今でこそホラクラシー経営と形容されますが、どうしたら関わるすべての人に貢献できるのかという想いから生まれた、以下のような経営スタイルでした。

**・給料は皆で決める**
**・働く時間、場所、休みは自由**
**・社員の給与、プロジェクト予算・内容など、あらゆる情報をオープン化する**
**・フラットな人間関係（組織図や役職、上司や部下という概念はない）**
**・経営理念なし**
**・ノルマなし**

関わるすべての人が幸せになれる経営というと、「そんなのは理想論だ。実際にはできるわけがない」と思われる方もおられるでしょう。けれども武井さんは、その理想論を実現させるために何が足りないのか、どこに課題があるのかを徹底的に考え抜いたのです。

そして、そのプロセスにおいてあることに気づきます。それは、企業における組織にまつわる課題は、組織論だけでは解決できないということでした。

そこで選んだ解決法は、「強力なビジネスモデル」を作ることでした。もともと社員同士の能力差や、営業の担当者と開発の担当者間の意識の乖離《かいり》といった問題もありました。「ビジネスモデル」という共有資産を持つことによって、どうしたらこの資産を育てられるかと皆が真剣に関わるようになり、人間関係が徐々に円滑になってきたと武井さんは言います。

「8年ほど前、今もっとも収益をあげている『ダイヤモンドテール』という、不動産会社に特化したホームページ制作・マーケティング支援サービスができたあたりから、思考や会社のエネルギーが収斂《しゅうれん》し始めたように思います。従来型の合理的な経営手法を取り入れ始めたら、会社そのものが面白いくらいにコントロールできるようになり、想定外の事態も起こらなくなりました。
しかし、その一方で、それ以前に度々起こっていた〝奇跡〟と呼ばれるようなドラマティックな事業の発展も一切、起こらなくなりました」

確かに、緻密《ちみつ》な計算や予測によって管理すれば、想定外のことは起こらず、安定した経営が実現できます。

ところが一方で、武井さんの言うような「奇跡」や新たなイノベーションも起こらなくなるという問題も起こりました。そして、理想的な経営のあり方や企業文化そのものについては社員の共通認識が得られるのに、具体的な予算や数字の話になると、あれはダメ、これもダメといったネガティブな意見が社員たちから出始めてしまう。そして結果的には、代表が「では、どうするの？」と社員たちから詰め寄られることになる。

苦しい時期を数年過ごした武井さんは、思い切って、あることを実行したのです。

「すべてを管理した上で事業を進めたがる役員と話して、会社を離れてもらいました。それを機に、ＩＴを駆使して徹底的にお金の管理をするシステムを構築しました。お金の流れや管理についてはＩＴシステムによって合理性を極限まで追求する代わりに、人間はそれ以外のこと、つまりそのお金を使って『自分たちは何がしたいのか』という、感情・感性に関わる部分を徹底的に考えるようにしたのです。給料や予算、事業内容など、すべてがシステムによって『見える化』された結果、事業計画書も不要になり、より本業に注力できるようになりましたね」

武井さんの考える「本業」とは、顧客に提供しているサービスに対して価値や満足度を感じてもらえているのかを徹底的に追求すること。そのためには社員一人ひとりが、顧客がどう感じ、どんなニーズがあるのかを察知できる感度を高めていくということです。

これが契機となり、それまで別々の場で議論されていた金銭的なテーマと、いかに人を幸せにするかというテーマを、同じ経営オペレーションで扱えるようになったのです。

こうした長い紆余曲折《うよきょくせつ》を経て、現在のようなユニークな経営方針をとることになります。以下は、会社のホームページに記載されている「サバイバルジャーニーガイド」（この会社でやっていくための手ほどき）です。いかに革新的な経営を行っているかがわかるでしょう。

［ダイヤモンドメディア社　サバイバルジャーニーガイド］（編集部による抜粋）

1

情報の透明性を何よりも重視します

ダイヤモンドメディアの目指す組織作りを実現させるために、大前提として必要なのが「情報の透明性」です。社内の定量的データと定性的データを、可能な限りデータベース化し、可視化して公平性を保ち、全員が働きやすい環境を作ります。

2

組織図はありません

ビジネスモデルを最適に回す「設計図」は存在しますが、人事的な組織図はありません。各人がチームや会社が必要とするものを嗅ぎ取り、できる限り貢献するだけです。

3

休日、働く場所、時間。すべて自分で決めてください

お客様やチームメンバーに相談の上、迷惑や負担をかけなければ、働き方に制約はありません。

## 4 何にどれだけ時間を使ったかを共有しましょう

労働時間を可視化します。会議の時間や移動時間、どの顧客のどの業務にどれくらい時間を割いたかを可視化すると、個人だけでなくチームや会社全体の時間の使い方をマネジメントできるようになります。長く働いても給与は増えません。

## 5 仕事を与えてくれる上司はいません

ダイヤモンドメディアには上司も部下もいません。会社やチーム、仲間や顧客のために何ができるのかを自ら感じ取り、上手に役割分担をしていく必要があります。

## 6 代表者・役員は選挙で決めます

私たちが目指す組織においては責任の所在や意思決定が組織全体に分散しているので、取締役会の役割は必要ありません。しかし現法では株式会社には1人以上の取締役が必要とされているため、1年ごとに選挙をし、流動性を保たせることになりました。

## 7 雑談を大切に

会社やチームで自分の能力を最大限活用できるポジションを見つけるためには、仲間とのコミュニケーション（雑談やブレスト）がもっとも効果的です。個人の能力が高くても、組織に必要とされなければ意味がありません。そのミスマッチをなくすために、チームと常に相談をしましょう。

## 8 オフィスは皆で作ります

オフィスは会社の象徴であり、皆の共有財産です。

## 9 個人の給与は「お金の使い道のひとつ」にすぎない

半年に一度「お金の使い方会議」を実施する事で社内の給与相場を整えます。

## 10 その経費はどれだけの価値を生みましたか？

経費や新しいサービスの利用、備品の購入などはすべて個人の裁量に委ねています。同時に無駄な経費を生まないために、会計や経費の内訳などすべての情報を公開することで自浄作用が働くような環境を整えています。

## 11 超えろ！ 30万円の壁

ダイヤモンドメディアでは長い間、給与査定のための会議を繰り返してきた結果、基本給＋実力給の合計が30万円を超えると、社内でも世の中でも一人前とみなされるであろうと考えるに至りました。ダイヤモンドメディアでは社内相場・マーケット相場で給与を決めるので、この「30万円の壁」を超えると、世の中でも通用すると言っても過言ではありません。また、新メンバーがダイヤモンドメディアに合わなかった場合のために、1ヶ月分の退職金を転職支援金として支給する「ミスマッチ制度」などを整えています。

## 12

## 手当は手厚め、賞与は業績に連動「しません」

基本給と実力給以外に勤続手当、年齢手当、住居手当、通勤手当、子ども手当、慶弔手当があります。給与を決める場は半年に1度の「お金の使い方会議」で、相場で動かす給与は実力給のみになります。

賞与は半年に1度（6・12月）支給されますが、賞与のための査定はありません。基本給と実力給の合計月給の0・5ヶ月分がそれぞれ支払われます。ダイヤモンドメディアにはインセンティブも業績連動給もありません。仕事とお金を直接的に結び付けないので、お金のために仕事をしない環境を作っています。手当などの制度に実態との歪みが出た場合には、その都度改善を加える場合もあります。

以上が「サバイバルジャーニーガイド」の抜粋ですが、こうした施策を進める中で、武井さんは気づいたことがあるそうです。

「会議の質が変わりました。一般的に、会議の種類を大きく分類すると、報告の会議、意思決定の会議、アイデア出しの会議と、3種類ほどあると思います。ところが我々には、前の2つがほとんど必要ないのです。情報は常にオープン。プロセスまでシステムによってすべてが『見える化』されていますから、会議の場での情報共有は最小限で済みます。

次に、意思決定もそれ自体が分散化されていますから、基本的に誰が何をしてもいい。もちろん、それが会社やお客さんにとって不利益になるような意思決定はしない方がいいということは当然、共通認識としてあります。ですから自然と、必要に応じてチームで相談し、一人で意思決定できることは個人の判断でするようになりました。結果として、意思決定の会議も減り、立ち話や雑談の中で重要な意思決定が終わることも多いです。

残るは、どうしたら会社がもっと良くなるか、サービスが良くなるか、お客さんの満足度が上がるかという、みんなのアイデアを集める会議のみとなるわけです」

ブレインストーミングのようなアイデア出しは、創造性と多様性を活《い》かした楽しい活動です。一方、報告と意思決定は合理的な判断ですから、無駄なくきちんと行うべき会議です。多くの会社では、ダイヤモンドメディアとは逆に、合理的な判断の会議ばかりを行っているのではないでしょうか。ブレインストーミングのための会議しかしないというのは、まさに型にはまらない幸せな会社であることの一つの現れと言えるでしょう。

もちろん、仕事の内容や性質によっては進捗《しんちょく》確認などが必要な場合もあるそうですが、それは必要に応じてすればいいというスタンスです。

ある時期からは、経営会議も経営合宿も廃止されました。お互いの信頼をもとに仕事が進んでいるならば、確認や報告といった作業は不要、もしくは必要最小限でいいのです。ダイヤモンドメディアでは、ブレインストーミングを多用し、雑談しやすいオフィス環境を作り、チャットツールや社内SNSを活用することで、社内のコミュニケーションがうまく活性化していると言います。

## 経営者、マネジャー不在でも機能する

「経営会議や合宿をしなくても、現在のところ経営は会社として機能していますし、

マネジメントも効《き》いています。

なぜかと言うと、経営の機能が組織全体に仮想通貨のように分散化しているからです。そのため、僕一人が全部を握る必要がないのです。皆で見ることができていますから。

では、なぜ分散化できるかと言うと、情報が透明だからです。逆に言えば、透明性のないところに自律的な分散組織というのは存在し得ないでしょう。給料についても、面白いから公開しているわけではなく、給与を公開しなければ組織が機能しないからなのです」

ダイヤモンドメディアでは、あらゆる取り組みがすべて連動しており、それらは非常に巧緻《こうち》なバランスで成り立っているのです。給料の情報だけがクローズとか、ある情報だけをクローズにすると、経営そのものが成り立たなくなるというわけです。武井さん曰《いわ》く、「**情報の格差が生まれると、権力の格差も生まれる**」からです。

一般的に、情報を持つ人、特に人事権を握っている人が権力をも握ることになりますから、ダイヤモンドメディアのように、給与をはじめ、すべての情報をオープンにすると、人事権もなくなり、権力の集中もなくなります。

しかし、単に情報を透明にしただけでは、ビジネスを行う組織としては成り立ちません。ベースとしての社員同士の信頼関係作りや、一人ひとりの意識改革が必要になります。

忘れてはいけないのは、**こうした自律型組織でお互いの信頼感を構築するためには、ある程度の「循環」も必要だということ**です。たとえば、サボる癖のある人や、いつも仕事を任せられない人には、残念ながら組織から去ってもらう必要があると言います。主体性のない人には、やはり仕事を任せることはできないのです。

しかしそれは、今やどんな職場でも当てはまることではないでしょうか。自ら考えて行動しようとしない人には、明確な指示やマニュアルがあらかじめ決まっている仕事でなければ任せられませんし、同様に、従業員が主体的に働ける場を作ろうとしない組織では、主体性のある人間は育ちません。

実際に、武井さんたちも数多くの経験や研究を経て、無駄のないロジカルな経営の世界から、生き物のような、常に循環し続ける経営の世界へと移っていったそうです。

なお、前述した伊那食品工業は、退職する社員が極端に少ないことでも有名です。社員の流動性が必要かどうかは、結局、その会社のやり方次第でしょう。流動的であることによって幸せになるダイヤモンドメディア（ヤフーもある程度、そうかもしれません）と、流動性を極めて抑えることで幸せの形を追求した伊那食品工業。

幸せな人の人生が十人十色であるように、幸せな会社のあり方は十社十色なのです。

また、情報と人間が関わる上でもっとも大切なのが「感情のエネルギー」であると武井さんは言います。そして、その感情は関係性によって生まれます。だからこそ、職場の関係性を健全に育てていけるかどうかが大切になってきます。

健全な関係性を育てるために、ダイヤモンドメディアでは、一部のメンバーが発起人となり、**ランダムなワン・オン・ワンミーティング**を始めました。

一般的なワン・オン・ワンでは、ある特定の上司がその部下と対話をすることが多いのですが、ダイヤモンドメディアのそれは、メンター（指導する側）とメンティー（指導される側）という関係性で行います。相手を選ぶのは、指導されるメンティーの方です。「この人（メンター）に相談したい。話を聞いてもらいたい」という選び方をします。

この仕組みによって会社全体の感情の流れが滞ることなく円滑になったように感じると武井さんは言います。これは人間の身体の仕組みと似ています。エネルギー（ここで言う感情）が滞ったり淀《よど》んだりすると、すぐに病気になってしまう。エネルギーがスムーズに流れる循環システムが必要なのです。それこそ本来の自然な人間関係ではないでしょうか。

では、そうした循環システムが内在するために、何を心がけているのでしょうか。

「一番大切なことは、情報の透明性を保つこと。そして、メンバー同士で十分に対話をすることです。それを、いろいろなところでやっていけたら良いなと思っています。会議手法としてのブレインストーミング（ブレスト）は、会社のさまざまな場面に埋め込んでいますし、社外の人やお客さんと取り組んでみたりしています」

そう武井さんが語るように、開放的で流動的で型にはまらない自由なブレストは、新しい組織において非常にマッチしますし、整合性もあります。

私も研究を進める中で気づいたのが、**対話とブレストには相乗効果がある**ということです。まずブレストでたくさんのアイデアを出し合った後にじっくり対話をすると、人間関係の醸成に非常に効果的であることがわかりました。逆もそうです。対話をして皆の心がオープンになった後のブレストでは、たくさんのアイデアが出るなどの効果があります。

つまり、ブレストはアイデア出しやイノベーションのための手法ですが、チームの関係性をスムーズにするチームビルディングにも有益ということです。

## それぞれの得意分野や強みを活かし合う

会社に勤める多くの人にとって、いまだに仕事は辛いもの、幸せな生活とは別のものという思い込みがあるのではないでしょうか。

しかし、ダイヤモンドメディアでは、あらゆることが自由です。武井さんをはじめ、社員の皆さんはいつも楽しんで仕事をしています。

「先に仕事内容を規定して、そこに人を当てはめるというのが今も主流の組織論であり、現実です。こうしたジョブ・ディスクリプション（ポジションに関する職務内容を詳細に記すこと）といった概念が、僕は好きではありません。そこに人を当てはめて、要件をちゃんと満たしているかどうかとか、それ以上できたら報酬やインセンティブを与えるといった考え方自体が違うと思っているんです。

人は、自分が得意なことをやっていたらワクワクしますし、心からワクワクすることに没頭していると、単純に楽しいですよね。ですから、その人の得意なことは何かということを会社で探していけるといいですよね。それぞれ得意・不得意があり、ワクワクすることが異なる人たちが集まっているからこそ、会社というチームは面白いのです」

まさに適材適所ということです。一人ひとりが主体性を持って仕事に臨み、それぞれの得意分野や強みを活かし合い、不得意分野を補い合う。それでもうまくいかなければ、別のフィールドで活躍することを考える。

「よく、会社がつぶれそうになったらどうするんですかと聞かれますが、そうなったらそのときはメンバー皆で考え抜きます。なぜなら皆で見ているから。優秀な経営者が一人で見ているよりも、社員全員がさまざまな角度から見ている方が、どうにかなるのです」

斬新な施策を次々と打ち出す若き企業、ダイヤモンドメディア。人の身体の循環など古くから人の叡智として受け継がれてきたことを最新テクノロジーの力と掛け合わせ、ハイブリッドな経営スタイルを築き上げています。現代的なウェルビーイング第一主義経営と言えるでしょう。

武井さんも、ダイヤモンドメディアも、これからもどんどん変わっていくことでしょう。何も恐れず、常に変化していく躍進力。これからの展開が楽しみです。

【会社データ】
ダイヤモンドメディア株式会社　設立：2007年9月6日／本社：東京都港区／社員数：25名（2019年3月現在）

# 自由な働き方をとことん追求する会社
## ユニリーバ・ジャパン・ホールディングス株式会社

お話を伺った方──取締役人事総務本部長　島田由香氏

### 誰もが自分らしく働ける社会になるべき

最後にご紹介するのは、今やＨＲ（Human Resource＝人事）業界では誰もが知る、島田由香さんです。

ユニリーバ・ジャパン・ホールディングスで取締役人事総務本部長を務めながら、ポジティブ心理学や神経言語プログラミングなどにも造詣が深く、旧態依然となりがちな人事分野において次々と革新的な取り組みを進める、人事界のジャンヌ・ダルクのようなアクティブな方です。

島田さんの功績は多々ありますが、中でも最近、力を入れているのが２０１６年７月から始まった「ＷＡＡ（Work from Anywhere and Anytime)」という取り組みです。

「WAA」とは、誰もが自分らしく働き、それぞれのライフスタイルを楽しむことで生産性や創造性を高められるよう、「働く時間・場所を社員一人ひとりが自由に選べる」という人事制度です。主な取り組みは以下のとおりです。

- **上司に申請すれば、理由を問わず、会社以外の場所（自宅、カフェ、図書館など）でも勤務できる**
- **平日6〜21時の間で自由に勤務時間や休憩時間が決められる（1日の標準労働時間は7時間35分、1カ月の標準勤務時間＝標準労働時間×所定労働日数とする）**
- **全社員対象で期間や日数に制限はない（工場や営業の一部を除く）**

島田さんが仕掛け人となり、ユニリーバ・ジャパンからスタートしたこの新たな人事制度は発表と同時に多くの反響を呼び、他社や異業種からの問い合わせが殺到したそうです。

そして、こうした取り組みを採用する他社も出てきました。今では会社という枠組みを越え、異業種、地域など多様な人たちが関わり、その規模はどんどん広がっています。

そして、ユニリーバでは、このWAAの実施によって社員の幸福度が上がっただけでなく、生産性が30％もアップするなど、大きな効果が数字として現れています。

【WAAの裏の課題】

①通勤時間の割愛

②通勤ラッシュの撲滅

【WAA導入から10カ月後のアンケート結果】

●社員の生産性 ↓ 30％アップ

●暮らしにポジティブな変化を感じる人 ↓ 68％

●導入後に幸福度が上がったと感じる人 ↓ 33％

●導入後に「生産性が上がった」と答えた人 ↓ 75％

●導入後に「生産性が下がった」と答えた人 ↓ 5・5％

●毎日の生活が良くなったと感じた人 ↓ 67％

**●残業時間　↓　月に80時間を超えた人が導入前には2~15人前後いたが、導入10カ月後には0~1人に減少**

**社員の幸福度だけでなく、生産性も上がった**ことは、これまでの他の研究結果とも整合する重要な点です（P130の図参照）。

また、社員からは数字以外の多くのメリットが挙げられています。特に、WAA導入前は、通院や家の用事、子どもの学校行事などにやむなく有給休暇を充《あ》てていたのが、WAAによって普段の勤務時間の合間に用事を済ませられるようになり、旅行や趣味など、よりポジティブな目的に有給休暇を使えるようになったことに大きな喜びを感じるという声が寄せられているそうです。

さらに、WAAの裏の課題である「通勤ラッシュの撲滅」も見事にクリアしています。「通勤ラッシュに遭遇しないことが、どれほど心と体を楽にしてくれるのか、初めて知った」といった声がたくさん挙がりました。朝、子どもとゆったり時間を過ごせるようになったことで、家族のつながりが強まったという報告もあったそうです。

このWAAを始めた動機について、島田さんはこう語っています。

# WAAの効果

**68%**
毎日の生活にポジティブな変化があると感じている

**67%**
新しい働き方がスタートしてから毎日の生活が良くなっていると感じている

**+30%**
生産性UP

**33%**
幸福度が上がったと感じている

**75%**
生産性が上がったと感じている
下がったと感じているのは5.5%

「いまだに仕事は辛いもので、修羅場体験の場だとか、楽しんではいけないといった感覚を持っておられる方がいますが、私はそれが本当にもったいないと思うのです。なぜなら、それでは一人ひとりが持っている力を十分に使い切れていないと思うからです。幸せに働くことを躊躇《ちゅうちょ》しているのではないでしょうか。『ＷＡＡ』の取り組みもそんな思いから始まりました。この制度が日本全体に定着したら素晴らしいじゃないですか。働く人にとっては楽で、楽しくて、その上、生産性も向上するのですから。

ちなみに補足すると、私は、本当は生産性という言葉が好きではないんです。幸性（しあわせー）に置き換えた方がいい。生産性が大事という人に理解してもらうために、あえて生産性という言葉を使っています」

島田さんはこう仰いますが、WAAによる、いわゆる「生産性」の向上効果は少なくないと考えられます。

まず経営側の視点としては、「生産性が高い」状態とは、「成果物の量と質が共に高まること」、さらに「リソースと呼ばれる時間・人員・コストなどを抑えること」が考えられます。つまり、アウトプット（成果物）が増加し、インプット（リソース）が減少すれば、会社としての生産性が上がるということです。

他方、社員から見た視点としては、「インプット」はその人自身です。健康である、幸せであるといった基本的な部分を踏まえた上で、「生産性」が高い状態には共通する2つのキーワードが社員へのアンケートから明確に浮かび上がったそうです。

1つは「集中」しているとき。2つ目は「余裕」のあるときです。「集中」には邪魔されないことと静けさのある状態が必要です。ところが、**人が深い集中状態に入るまでには平均で約23分間かかるのに、オフィスにいると、11分に1度は邪魔が入る**という調査があります。仕事に集中するためにオフィスに行くのに、逆に集中力を削がれるというのは皮肉なものです。

だからこそ、島田さんたちの推奨するWAAが有益なのです。「Anywhere」、つまり自分がもっとも集中できる場所で仕事をすることが生産性向上へもつながるのですから。

また、2つ目の「余裕」では、時間的な余裕に加え、心の余裕が大切です。たとえわずかな時間であったとしても、深く自分自身とつながる時間を持つことで余裕が生まれると島田さんは言います。

日頃から「人事の仕事は世の中でもっとも面白くて、人にもっとも近いところ」と言っておられる島田さん。人の心をシステムとして捉えている点に共感します。

## 社員を幸せに導く自律型組織

島田さんは、取締役人事総務本部長という大きな組織のリーダーを務めておられます。島田さんご自身が目指すべきリーダー像、組織のあり方とはどんなものなのでしょう。

「これからの組織のあり方を考える上で『自律型組織』というものに共感を覚えます。

自律とは主体性であり、何も決まっていないことでも自分で考えて取り組むこと。一方、自立とは自主性であり、すでに決まっていることについて自分から取り組むこと。

ですから両者には大きな違いがあります。私は、前者の自律が幸せとも比例すると考えています。自分で創造しながら主体的に取り組むこと、つまりクリエイションのできる人は、幸福度も高いのではないでしょうか」

しかし、自律型組織では難しい点もあります。島田さんは、自宅やカフェなどのリモートワークやテレワークを行う上で、リーダーがチーム内のルールを定めない場合やビジョンを持っていない場合、メンバーの誰がどこで何をしているのか、どこまで仕事が進んでいるのかが把握できなくなる危険性もあることを指摘しています。むしろ、自律型組織でこそ、リーダーやマネジャーの力量が試されるのです。

島田さんによれば、うまくいっているチームのマネジャーは、明確なビジョンを持ち、スケジュールの共有方法や業務の進捗報告など、チーム内で最低限守るべきルールをしっかり決めているそうです。

## 社会における自分の目的とは

島田さんの言葉や取り組んでいること、これから実現したいと思うことを改めて見返すと、そのすべてに幸せの4因子（「やってみよう」「ありがとう」「なんとかなる」「ありのままに」）が含まれていることがわかります。

**・自分の成長する姿を思い描き、やりたいことにトライする＝「やってみよう因子」**
**・一人ではできないことでも周りと協力すれば成し遂げられる＝「ありがとう因子」**
**・変化は怖いけれど、きっとできるはず＝「なんとかなる因子」**
**・自分らしい人生をデザインしよう＝「ありのままに因子」**

さらに、島田さんの考えるリーダー像は、働く人々が成長できる幸せな職場を作る上での大きなヒントになりそうです。たとえば島田さんは、人を育てる上で大切なことは、その人自身の人生の「目的（Purpose）」を知ることだと言います。どんな人生をデザインしたいのか、何をしているときにもっともワクワクするのか。つまり、その人自身の「あり方（Being）」です。

島田さんは言います。自分が理想とする「あり方」について、常に自分と対話し続けることが大切だと。

そして、リーダーにとっては、チームメンバーの話によく耳を傾け、相手のためにサポートすることも大切な役割となります。メンバーが何を大切にしているのか、何のために働くのか、何がモチベーションとなるのか、何が強みかといったことを、深く内省してもらいながら、相手から引き出していくのです。それを続けると、自然と自分や相手の思考や生き方そのものが変化していきます。

「私にとって『目的』はとても大切な言葉です。それは北極星のようなもので、どんな状況においても、自分を導いてくれるガイドのような存在です。

社内でも初めての上司や部下に必ず聞くことは、『あなたの人生の目的は何ですか？』ということ。なぜなら自分の人生の目的と会社のそれが合致していれば、仕事が円滑に進み、パフォーマンスが向上するだけでなく、何より楽しいですから。

では、どうしたら自分の目的を見つけられるのかというと、シンプルなことを2つだけすればいいのです。一つは『ワクワクすることをやる』、もう一つは『自分の強みを使う』。自分の人生を振り返ってみて、どんなことに熱中したのか、何をしているときが一番楽しかったのかを思い出すと、自分が本当にやりたいこと、自分の強みが徐々に見えてきます。なぜなら、自分の強みを使っているときは、そのエネルギーを身体感覚で感じやすいから。自分の人生の目的に気づいている人は、すごく生きやすくなりますし、さらに自分の強みを社会のために使えば、すべてがうまくいくようにできていると確信しています」

近年、人事や組織経営の分野では、この「Purpose」が一つのテーマになっています。この場合の「Purpose」とは単なる「目的」を指すだけではなく、「何のために存在するのか」「なぜ働くのか」といった、企業や個人の存在意義を明確にする意味合いが含まれています。それぞれが自分の存在意義や強みに気づくこと――それこそが、自律的に働くための大きな土台になるのです。

一般的にはネガティブに語られるリストラについても、島田さんはこう捉えています。

「リストラでも、その人の幸せを考え、その人本来の良さと強みが発揮される場を見つける視点が大切です。自分の強みが100%発揮できない仕事に1日を使っているのは、その人自身にも、会社にとっても、もったいないことですよね。

あなたの強みは何か、何のために仕事をするのか、自分は何をしたいのかといった、物ごとの本質的な意味をお互いに考えて、そのお手伝いをすることが人事の大きな仕事だと思っています」

また、島田さんは、女性の活躍についても、企業はもっと積極的に取り組むべきだと強く主張しています。なぜなら、「女性がニコニコと笑っていられる会社は、男性にとっても大いに良い影響がある」から。男性は女性の能力や素晴らしさを理解すべきですし、逆もまたそうだと思います。それぞれが持つ力を敬い合い、認め合うことによってこそ、誰もが最高のパフォーマンスを発揮できるのですから。

【会社データ】
ユニリーバ・ジャパン・ホールディングス株式会社　設立：1964年3月26日／本社：東京都目黒区／社員数：約500名（2018年12月現在、グループ会社含む）

さて、4社・4人の経営陣による「幸せな経営」の実践例はいかがでしたか？

幸いなことに私は4人と懇意にさせていただいていますが、彼らと深く接する中で感じる共通点があります。それは、4人が4人ともピュアで若々しく、個性的で魅力的な人物である点。また明確なビジョンを持って理想を目指している点。成熟社会・合理化社会の中では青臭いと言われそうな理想を、愚直に目指している点。そして、それを臆面もなく表明している点。さらに表裏のない、オープンな振る舞い。たとえ批判されても、めげずに進む力強さ。そして忘れてはいけないのは、周りの人への気配りと優しさです。

要するに、人間的に魅力的で、一緒にいたくてたまらないと思う人たちなのです。

4人とも私より年下。若きリーダーたちです。経営者の高齢化が進む中、これからの日本を引っ張っていく方々であることは間違いありません。そして、幸福経営学の研究者である私から見ると、彼らが幸福経営を実現できたのは、「やってみよう」「ありがとう」「なんとかなる」「ありのままに」の実践者であるからだと思います。リーダーが幸せだと、チームも会社も幸せになるという極めて優れた実践例です。

ただし、4人と深く接してみると、実は、彼らは思いのほか普通の人でもあります。こんなすごいことをやっている人はものすごいカリスマなのではないかと思われがちですが、実は普通の人たちなのです。もちろん魅力に溢《あふ》れていて、カリスマ的なところは確かにありますが、基本的には自然な人たちです。

つまり、皆が幸せになるための当たり前のことを、真摯《しんし》に行ってきた人たちなのです。思いついたら「やってみよう」、周りの皆に「ありがとう」、どんなチャレンジも「なんとかなる」、何があっても「ありのままに」、という幸せの営みを。

言い換えれば、誰もが彼らになれるのです。普通の人が本当にやるべきことをあきらめずにやり続けると、「普通ではない」としか思えない境地に至れるのです。やるべきことは簡単です。そう、幸せの基本を愚直に歩むことなのです。

# 第4章

# 職場の悩みQ&A
# すべての組織は幸せになれる！

## どんなチームも、どんな職場もやり方次第で幸せになれる

前章では、社員が幸せになることで組織全体の循環や業績が向上している先進的な事例をご紹介しました。

「そんなことは、社長や経営陣が先進的な思考をしていて、制度や環境が整っている一部の素晴らしい企業だけにできることであって、うちには関係ない」

そう感じた方もおられるかもしれません。現実問題として、いまだ多くの企業は「幸せのスパイラル」とは真逆の「不幸のスパイラル」に陥っています。

大多数の方は、可能なら幸せに働いた方がいい、ということに異論はないでしょう。しかし、職場にはさまざまな問題や課題があります。幸せに働くことなど、そう簡単にできるはずがない。うちには無理。言下にそう仰《おっしゃ》る方も現実にはまだ多いのが実情です。

しかし、我々はさまざまな企業や職場で共同研究や事例収集を行っていますが、そうした企業でお話を伺うと、職場における課題や悩みは、業種や業態は違っていても、ある程度、似通っているケースが少なくありません。

そこでこの第4章では、職場で幸福度を上げるレッスンの前に、まずは私が見聞きしてきた職場における課題や悩みについて、幸福学や心理学に基づく解決策を述

べていきます。

優れた事例の後なので、平凡な施策に見えるかもしれませんが、幸せとはそういうものです。幸せに奇策はありません。地道な活動に結果がついてきます。

実際、第3章の先進的な事例も、地道な活動の結果として現在があるのです。皆さんの組織でも、ぜひウェルビーイングへの地道な道のりを歩んでください。

## 1　やる気とモチベーションについての悩み

■部下がいつも受け身で、主体的に仕事を進めようという気勢が感じられない

「約50名の部下を抱えているが、部下たちのやる気が感じられず、常に受け身の姿勢であることが気になっている。こちらが言ったことに対しては正確にこなすが、できれば、そこからさらに一歩踏み込んでほしい。ただ、どのように部下に伝えたらよいか迷ってしまい、何もできずにいるのが現状だ」【50代・メーカー・部長】

誰もが主体的、かつ創造的に仕事を進められるチームであることは、「やってみよう」因子、「なんとかなる」因子、「ありのままに」因子に関連していますから、ウェルビーイング企業の必須条件です。しかし、それは簡単なことではありません。

「指示待ち人間」に悩む上司やリーダーの話は最近よく耳にしますが、まず気になることは、このような悩みを持つ管理職世代（私もその世代です）の皆さん自身、実は「指示待ち人間世代」なのではないかということです。他人の悪く見えるところは自分の鏡だと、心理学の「投影」の理論は教えてくれます。

戦後の復興を担った人たちは、誰かの指示を待つどころか、すべきことだらけでした。「必要は発明の母」とはよく言ったもので、戦後の復興時代の日本では加速度的にイノベーションが起こりました。

その後、私より少し上の世代あたりから、すべきことが明確な時代になりました。管理型教育を受けた世代とも言えます。「アメリカより優れた冷蔵庫を作ろう。ならば真似《まね》と改良をすればいい」というロジックです。指示を待たなくても、すべきことは明確でした。

つまり、今の若者が「指示待ち」に見えるとしたら、そのように育てた上の世代の影響と言えるのではないでしょうか。

高度成長期以来、明確に決められた業務を遂行するというやり方が徹底された結果、基本に忠実な人が増え、浸透したのが現代の日本社会なのです。

**この種の課題の解決策の一つは、指示待ちの人間には明確な指示を与えるということ**です。主体的に考えてもらいたいときには、「これは上からの指示を待たずに、君が主体的に考えて、取り組んでほしい」という指示をすればいい。上司の指示にこそ創造性が試されているとも言えます。言い換えれば、創造的な指示を与えられない上司が、自分の責任を若者に転嫁しているとも言えます。

さらに、主体的に考える文化をチームに醸成するためには、どうすれば良いのでしょう。第1章でも少し触れましたが、まず相手を信頼し、適切な量と質の権限を委譲することです。

**①メンバーに、ある程度の仕事を任せてみる**

**②難しそうであれば、対話を通して、相手のやりたいことをじっくり聞く**

**③②の「やりたいこと」を実現するためにどうしたら良いかを考えるように促す**

書店へ行けば、思考法やイノベーション手法に関する本が多数並んでいますし、セミナーや講演会、社会人大学など、習得する場所は数多《あまた》あります。チームメンバーや部下との対話をベースにしながら、「それらを活用して学んでみたら？」と、部下自らが学ぶことを提案してみることも有効でしょう。

■会議などでメンバーが積極的に発言しない

「社内会議のファシリテーター（進行役／促進者）をする機会が多いが、毎回、沈黙が続き、強いストレスを感じている。上司はもちろん、部下からも積極的な意見が出ず、いつも会議自体が消化不良のまま終了している。会議自体を活性化するためにどうしたら良いか、いつも頭を悩ませている」【40代・製造業・課長】

アメリカのgoogle社が、2012年から約4年かけて実施した大規模労働改革プロジェクト「プロジェクトアリストテレス」実施後の研究成果報告でも注目を浴びた「**サイコロジカルセーフティ（心理的安全性）**」という心理学用語があります。

このプロジェクトの本来の目的は、いかに組織で生産性を向上させるかを多面的に調査・分析し、より効率的な働き方を提案することでした。

このとき明らかになったことは、チームメンバー一人ひとりがチームに対して気兼ねなく発言でき、安心して本来の自分をさらけ出せると感じられる「場」、つまり**安心や安全を感じられる状態や雰囲気を作ることこそが、チーム全体の生産性を向上させ、チームを成功に導く**ということです。

人事主導でこのような制度を制定し、実践することも一つの課題解決と言えるでしょう。ただし、まずはチームメンバーそれぞれが対話を重ねることによって、お互いを信じ合え、許し合える関係性や場を作ることが大切です。

オープンでフラットな人間関係が実現すると、制度がなくとも、自然と誰もが言いたいことを言える職場へと変化していきます。これは組織のみならず、家庭生活や地域活動においても言えることですが、日々挨拶をしたり、些細《ささい》なことでも感謝の気持ちを伝えたり、お互いを労《ねぎら》うことが大切です。小さな積み重ねが信頼醸成へとつながるのです。

チームリーダーはチームメンバーに目を配り、メンバー一人ひとりの意見にしっかり耳を傾け、各人の強みに注目するなど細やかな配慮をすることが必要です。

実は私もよく経験しますが、自分では十分配慮しているつもりでも、意外と人には伝わっていないものです。

また、第3章でダイヤモンドメディアの武井浩三さんも述べていたように、会議の目的を明確にする必要があるでしょう。会議にはさまざまな目的がありますが、それは何のための会議なのかを常に明確にし、ブレインストーミングならどんな意見を言っても否定しないとか、報告のための会議や意思決定のための会議なら、誰が仕切るかを明確にするとか、どんなアウトプットを出すかを明確にして決めておくとか、あるいは○分で終わるといった取り決めをしておくと、より効率的・効果的になります。

会議が効率的・効果的に行われるためには、その会議が何の目的で行われるのかという明確な相互理解が必要なのです。

また定例会議などは特にそうですが、「**そもそも、その会議は本当に必要なのか**」という根本的・俯瞰《ふかん》的な視点も必要です。定例会議は通常スケジュールが先に固められますが、そのために会議を行うこと自体が目的になり、結果的にアウトプットが不明瞭になっていることがないでしょうか。「そもそも、何を決めるための会議か」「そもそも必要なのか」――本来、会議はそこから考えてみるべきでしょう。

そしてもう一つ、職場の心理的安全性を高めるために、ぜひ実践していただきたいのが、職場で「人の良い面を見る」ことです。

特に、「上司の良い面を見る」ことを提案します。普段、上司が部下を褒めることはあっても、逆はなかなかありませんよね。あったとしても、上司に媚《こ》びるとか、ご機嫌窺《うかが》いになりがちです。当然、その本意は相手にも伝わってしまいます。

どんなに役職が上の人であっても、心から褒められたら純粋に嬉《うれ》しいものです。役職が上がれば上がるほど重責となり、心を許せる人間関係は狭窄《きょうさく》し、やって当たり前、できて当然と思われがちですから。

たとえば、部下の側も「上司の良い面を見てみよう」という意識を持って、普段と見方を少し変えてみるのです。見方によっては、その上司にしかできないことや、よく考えてみたら深く考えられた案だったということもあります。人には必ず良い面があるはずだと信じて、まずはお互いに相手の良い面に目を向け合うことです。

そしてぜひ、感じたことをポジティブかつオープンに伝えてみましょう。上司・部下がお互いに褒め合い、励まし合えるチームは素晴らしいチームです。

## 2　人事と職場の人間関係に関する悩み

### ■良い人材が採用できない

「就活生にとって有利な売り手市場が続くせいか、最近、優秀な人材が採用できずに困っている。せっかく内定を出したとしても、別の会社が第1志望だったり、就職自体をやめてしまう学生も少なくない。採用は企業にとっての死活問題でもあるため、上司からはいつも厳しい言葉を浴びせられている」【40代・流通サービス業・課長】

こうした話は最近、多くの大企業の担当者から寄せられています。

しかし「魅力的な人材が少ない」「最近の若者はダメだ」などと嘆く前に、まずは自分が魅力的な人間であるか、自分の会社が魅力的であるかを自問してみるべきではないでしょうか。どの時代にも、**魅力的な人材は魅力的な就職先を目指す**ものです。前出の「投影」理論です。魅力的な人が受けてくれないなら、自分たちに魅力がない可能性があります。

そもそも今の時代、「優秀な人材＝大企業へ就職」という図式自体が崩れ始めています。アメリカのハーバード大学やスタンフォード大学などアイビー・リーグの優秀な学生の多くは大企業に進むのではなく、自ら起業したり、ベンチャーを選択したりします。この波が日本にもやってきました。

では、どうすればいいのでしょうか。

まず採用の際にダイバーシティを意識して、より多様な人材を採用してみることです。残念ながら、日本の大企業では個性的な人よりも社風に合った人を均一的に採用する傾向があるように思います。まずこれを変え、たとえば学生時代ひたすら勉強漬けだったという人よりも、驚くような経験をした人や変わった経歴の人を採用するなど、さまざまな学歴や経歴から人材を採用してみてはいかがでしょうか。

現在、アメリカのアイビー・リーグの入試制度は学力だけを重視するものではありません。課外活動やボランティア活動の経験、エッセーや推薦書に重きを置き、人物的に魅力があるか否かで選びます。また、日本の大学入試も2020年から新制度によって大きく変わり、より人物重視の傾向になると言われています。

さらに、日本の過去の教育制度の中で何かと批判されがちだった「ゆとり教育」世代ですが、今、この世代から素晴らしいイノベーターが誕生し始めています。大学教員として日々、若者と接している私から見ると、新しい時代を担う、個性的で逞《たくま》しい若者は日本にもたくさんいます。そういう若者が従来型の企業に行かなくなったというだけのことだと思います。

つまり、魅力的な若者に入社してほしかったら、イノベーティブで、幸せで魅力的な会社やチームを作ることが一番の近道と言えるでしょう。もちろん、長年にわたって抜本改革をしてこなかった企業にとっては簡単なことではないでしょうが、もはやそうするしか道はないと考えるべきでしょう。

## ■上司を尊敬できない

「勤務中ならまだしも、勤務時間外の飲みの席やランチタイムなども、自分の話や自慢ばかりし続ける上司。正直言って尊敬できないし、ほとほとうんざりしている」

【30代・金融・課長】

社内のみならず、飲みの席でもひたすら自分の武勇伝や理想、理念を押し付ける上司というのは、どの組織にもいるものです。自分が嫌われている、避けられているることに気づいていないから、「獲物」を見つけたら1分でも長く話したいという欲求を発散してしまうのかもしれません。そういう方は管理型社会の中で対人関係について学び、人格を成長させる機会を逃した残念な方と言うべきです。むしろ時代の犠牲者と言えますが、リーダー失格です。なんとか少しずつ方向転換できるといいのですが。

この状態を改善させる2つの方法を幸福学や心理学の見地から述べてみましょう。

まず1つ目の方法は、ややチャレンジングですが、対話によって、相手に話が長過ぎることに気づいてもらうことです。

こうした方法は、心理学用語で「**アサーション（率直・素直、かつ相手のことも気にかけた主張）**」と言います。

相手に、周囲の困惑や懸念について気づいてもらうためには、心の底から相手に興味を持ち、純粋な興味や関心、大胆に言ってしまえば、「愛」を込めて相手に聞いてみるのです。「どうして、そんなにたくさんしゃべるんですか？」と。相手は一瞬、戸惑うかもしれませんが、あまり嫌な気持ちにはならず、「あれ？　どうして自分はこんなに長く話すんだろう」と自問するでしょう。

ここでの対話のコツは皮肉や批判からではなく、「純粋に相手のことを知りたい」という気持ちからの問いかけであるべきだということです。それでも不快に感じる方はいるかもしれませんから、相手の様子を慎重に慮《おもんぱか》りながら、「思ったことを素直に尋《たず》ねる」といった態度が重要です。これは、後に紹介する対話の４つのポイント（ｐ１７８）の１つである「voicing」です。

２つ目は、話を聞く側の態度を変えること。私自身も実践している王道の技があります。

まずは相手の話を「**傾聴**」してみます。「傾聴」とは、心を込めて耳を傾け、相手の話を興味深く聴こうと心がけることです。これも対話のポイントの一つです。

私も、話が長い人や要点がまとまっていない人と話していると、イラッとすることがあります。昔は「もっと簡潔に、論理的に話せよ」とイライラしていました。

しかし今は、じっくり相手の話を聞いた後で、「この人は過去に何かがあって、こういう話し方になってしまったんだろうなあ」と冷静に相手の立場に立って判断できるようになりました。このときに冷静になる一番の方法は、心理学で言う「**メタ認知**」という方法です。自分の感情を客観的に、外側から見てみるのです。

上司の話を聞いていて自分の心がイラッとしてきたら、それも客観的に観察します。「あ、自分は今イライラしているぞ。これはサインだ」と考える。そしてその瞬間、自分は目の前にいる人の話を聴きたくてたまらないのだという傾聴のモードに「あえて」変換してみます。意識して、その人の話に溶け込むようにするのです。自分がイラッとしてきたときほど、自分の感情にとらわれずに、自分の意識を相手に集中し直す。すると、相手は自分の話をしっかりと聞いてくれることがわかると安心するのか、言いたいことが伝わったと思うのか、その後の話が短くなることもあります。また、聞く側もイラッとしていませんから、それまでほど話が長いとは感じません。

つまり、相手は簡単には変えられないので、自分が変わるべきだということ。こちらが変われば、相手も徐々に変わっていくのです。人によって変化速度は異なりますが。

そのように自分の心の動きを客観的に見ることを繰り返しているうち、周囲の言動によって、すぐに腹を立てることやイライラすることが徐々に減っていきます。上司の自慢話も、自分の傾聴とメタ認知のためのトレーニングと考えてみてはいかがでしょうか。

「傾聴」と「メタ認知」については、人間関係における大事なトレーニングなので、第5章の「実践編・職場で今すぐできる幸せのレッスン」でも詳しくお話しします。

■若手がすぐに辞めてしまい、育たない

「業種柄、キャリアアップのための転職は否めないが、ちょっとしたつまずきや失敗、人間関係のもつれなどが原因で、すぐに辞めてしまう若者が多くなったように感じている。育成する側としてはとても残念であり、企業としても痛手を感じずにいられない」【40代・IT関連・部長】

平成29（2017）年に発表された厚生労働省の統計によると、新規高卒就職者の40％以上、新規大卒就職者の30％以上が、就職後3年以内に離職していることが明らかになりました。主な離職理由としては、「労働時間」や「給与と福利厚生などの待遇」、「人間関係」などが多いようです。

大きな希望を抱いて就職したものの、その希望とは違う労働環境や人間関係に悩み、離職してしまう。その様子が数字の上からも想像できます。

こうした結果に対して、「近頃の若者は我慢ができない」と言う人がいますが、「仕事は我慢してやるもの」という考え方自体、そろそろ変えた方がいいのではないでしょうか。私は、我慢してやらざるを得ないような仕事のメニューを用意している会社の方にこそ課題があると考えます。**理念の共有**、**権限の移譲**、**対話**、そして**仕**

**事内容の工夫**によって、魅力的なメニューに一新すべきです。

若者や優秀な人たちの離職率を減少させる一番の方法は、自分の組織、あるいはチームを魅力的にすることです。たとえ優秀な人材が採用できたとしても、組織やチームに魅力がなければ、その人のポテンシャルを発揮させることはできません。

現在、自分の持てる才能を存分に開花させ、イキイキと働いている人はどれくらいいるのでしょうか。多くの人が失敗を恐れ、数字におびえ、人間関係に悩み、個性を殺しながら働いているのではないでしょうか。

私の教える学生の一人は今、「仕事におけるワクワク」の研究をしています。日本で働くビジネスパーソン1000人に対して行った彼の調査によると、**「仕事上のことで、1日1回以上ワクワクする人」は5%しかいなかったのに対して、「仕事上のことで、1年に1度もワクワクしない人」は30%もいました**。

もっと多くの人がイキイキ、ワクワクと働ける魅力的な組織を増やしたいものです。言い方を換えれば、若い人の才能を開花させ、イキイキと働ける環境さえ作れるならば、生産性もアップしますし、離職率も低下するはずです。さらに、自分がやりたい仕事をするのですから、指示待ち人間ではなくなります。

では、その才能を開花させるためにはどうしたらよいのでしょう。

やはり、この場合も**信頼と対話**に鍵があると言うべきでしょう。深い対話を通して、互いのニーズや強みを理解し合う。第3章で登場されたユニリーバ・ジャパンの島田由香さんも仰っていましたが、自分がワクワクすることは何か、自分の強みは何かをそれぞれが理解することが先決です。その上で相手を信じて任せるのです。しかし、相手のことを信じず、やり方も教えずに任せるというのは、ただの押しつけになりますから、似て非なるものです。

たとえば上司から仕事を任されるとき、どちらの言葉を言われたら、やる気が上がるでしょうか？

**A：「君は十分に力があると思うから、すべて任せるよ。信じているぞ」**

**B：「とにかく全部やっといて。君の責任だからね」**

Aは前向きです。上司にこのように言われた場合、部下は「全部を任された」とモチベーションも上がり、ポジティブな気持ちで業務に取り組めるでしょう。さらにその業務の成果が出れば、さらなる自信がつく。ポジティブスパイラルです。

一方、Bのような言われ方をすれば、「何の指示もせずに全部丸投げするなんて、なんてひどい上司だろう」と感じてしまい、ただ業務をこなすだけになりがちです。

相手のことを信じずに任せるというのは、単なる放任、ないしは責任転嫁に過ぎません。これでは才能どころか、本人のやる気さえ奪ってしまいかねません。

上司が気軽に言い放ったひと言で、内容的には同じことを伝えたとしても、部下のやる気は大きく変わる。つまり、上司のメンタリティが違うだけで、相手に伝わる言葉の意味は真逆となり、部下の成長を促すか、奪うかが決まるのです。

部下のことをよく理解し、信じて、任せる。そういう上司のもとでは、若手はぐんぐん成長します。

ソニー・インテリジェンス・ダイナミクス研究所の元所長で、ソニー時代にはCDやAIBOなど今までにない商品を次々と開発してきた天外伺朗さんは、「**一番いい経営は、何もしていないように見える経営**」だと仰います。何もしてないように見えて、チームメンバーの顔をきちんと見て、信じていると伝える。

「**ピグマリオン効果**」という、教育心理学における心理的行動についての有名な研究結果をご存じでしょうか。1964年、アメリカの教育心理学者ロバート・ローゼンタール氏によって提唱された「**人は期待されると、期待されたとおりの成果を出す傾向がある**」という、期待と成果に関する効果のことを言います。

現時点では仕事ができないと感じていても、「彼は将来、イノベーションを起こすかもしれない」と長いスパンで捉え、それぞれの良さと可能性を感じとる力を持つことが大切です。信じれば、人は伸びるのです。

## ■チームの雰囲気が悪い

「チームには15名ほどのメンバーがいるが、そのうちの女性1名がいつも不機嫌で、チーム全体の雰囲気を乱している。何度か話し合いの機会を設けたが、一向に改善する気配もなく、周りにも影響が出ないかとヒヤヒヤしている」【30代・情報通信・チームリーダー】

はじめに言えることは、これは不機嫌な人だけの責任ではないということです。すべての課題は職場に関わる人たちの連帯責任です。このチームリーダーの方は自分では意識していないかもしれませんが、もしかしたらその人に話しかけないとか、煙たがるなど、無意識のうちに排除していないでしょうか。だいたい不調和はお互いさまです。こちらが相手のことを悪く思っている場合、多くのケースでは相手もこちらのことを悪く思っています。そして、たちが悪いことに、多くの人は自分の方が正しいと思っています。

私の知人の職場にも、いつも不機嫌な女性がいたそうです。何となく嫌みな態度で周りからも嫌われていたのですが、職場のリーダーである知人は、あるときチーム全員に声をかけ、彼女と対話をしたそうです。何か困ったことはないか、なぜいつも不機嫌そうにしているのかを親身になって、とことん聴いたのです。すると彼女は突然泣き出し、言いました。「自分に自信がなくて、つい嫌な態度をとってしまうんです。ごめんなさい……」

そのひと言で、その場にいた人たちは「ああ、この人は大丈夫だ」と思えたそうです。相手の問題がわかれば、それを周りがフォローすることができます。素直に自己開示してくれたことによって、相手のことがわかるようになる。それ以来、彼女は態度の悪い女性ではなく、周りと一緒に歩んでいける人に変わったのです。

周りから嫌な人だと思われている人は、実は人と関わることが苦手だったり、自分でもそれに気づかずに強がっていたり、誰にも言えない悩みを抱えていたりすることもあるかもしれません。しかし、その人とオープンマインドな姿勢で深い対話を続けていれば、徐々に凍《い》てついた心は溶けていくでしょう。

ここで大切なことは、心から相手の言葉に耳を傾けること。やはり傾聴です。そのためには、まずはあなたが変わること。チームメンバーや部下に対し、心から相手の話を聴きたい、相手の役に立ちたいと思って聴くことが大切です。独善的でお仕着せがましい態度やマニュアル的な聞き方では、相手に思いは伝わりません。

ぜひ騙《だま》されたと思って、「本当に興味深いと思いながら興味津々に」人の話を聴いてみてください。必ずやコミュニケーションの結果に変化を感じることでしょう。

人事のリーダーとして、日々社員の課題に向き合っているユニリーバ・ジャパンの島田由香さんも、人間関係における悩みについて、以下のように仰っていました。

「苦手な人がいたとしたら、まずはその人の話を聴き、興味を持つことです。そして、その人の良い部分、自分が好きだと思える部分を見つけます。人は自分に興味を持たれていることがわかると、悪い気持ちはしないものです」

かつて島田さんにも、どうしても好意を持てない上司がいたそうです。その人との関係を良好にしようと努力しても、なかなかうまくいかず、かなりの時間が経《た》ちました。ところがあるとき、あるフレーズがふっと島田さんの心に響きました。「○○さんも、人の子だ」。誰もが大切なかけがえのない存在としてこの世に生をうけ、それぞれ今世での使命を持っている。その上司も同様で、その人は自分を成長させるためにその役を演じてくれているのだ、とまで思えたそうです。

そして、その発見の後は、「どんな人間関係も、自分のための学びだと思えばいい。

どんな仕事でも自分の楽しさは見つかるはず」と考えられるようになったと言います。前向きで楽観的、そして常に相手と向き合う努力を怠らないこと。島田さんの言葉は、リーダーの条件について、大きな示唆を与えてくれます。

また、ある特定の人物を苦手だと意識するということの裏側には、自分自身のトラウマや、自分の嫌な部分、許せない部分を相手に「投影」している可能性もあります。従って、もしもあなたが誰かを苦手に思うという感覚を持ったら、それは成長のチャンスなのです。

前にも述べましたが、「投影」とは心理学用語で「他人は自分を映し出す鏡」。相手の嫌な部分、目につく部分というのは、自分が気になっているところや自分の特徴でもあり、「投影」はそれを映し出す心の動きです。気になっているから、そこに着目してしまうのです。また、あなたが相手を苦手なときには、往々にして相手もあなたを苦手だと思っているものです。

誰かを苦手だと感じた場合には、リフレクションが重要です。つまり、自分の行動や思考を俯瞰《ふかん》してみて振り返ることで、客観的に捉え直してみるということ。「何か嫌な感じだな」と思ったら、まずは自分自身を顧みる。何かトラウマの裏返しではないだろうか、自分の中にも同じような部分があるのではないかと客観視してみましょう。

そうでない場合は、その人が抱えている課題について共に解決してあげられるチャンスが来たのだと捉えましょう。話が長過ぎるとか、表情が暗い、愚痴が多いなど、あなたが気になることを素直に、心から相手のことを思って伝えてみる。相手を傷つけないよう、言い方に気をつける必要がありますが、自分のことを思ってくれていることが伝われば、相手は予想以上に素直に聞いてくれることがあります。

とは言え、自分の身の回りで起こる多くの問題は、何度も強調したように、自分が変わらなければ解決しません。自分自身が変われば、相手も変わります。自分だけが正しいと思っている場合には、まだまだ成長の余地があると言うべきでしょう。

人間関係において人が陥りやすい失敗のパターンは、大きく2つに分かれます。

一つは、「自分は他人より偉い」と思い込むこと。いつも上から目線で、横柄で頑固で、とにかく自分がコントロールしたいという欲求が強過ぎるパターンです。

もう一つは逆に「自分は無能で何もできない、自信がない」と考える思考パターンです。

前者は自分だけを愛して相手を愛さないパターンで、個人主義的なウェルビーイングに偏り過ぎているケースです。後者は相手のことは愛せるのに、自分は愛せないというパターン。集団主義的なウェルビーイングに偏り過ぎです。不幸な人間関係のパターンは、たいていこの2つに集約されます。

しかし本来は、自分を愛し、相手も愛するべきでしょう。前者の傾向が強い人は他者への愛を強くした方がいいですし、後者の傾向が強い人はもっと自分を強く持った方がいい。つまり、どちらかに偏らず、バランスの良いウェルビーイング第一主義を目指すのです。

とは言え、本当は心に傷があるのにそれを隠して無理して頑張っていたら、結果的に歪《ひず》みが出ます。ですから、心の問題を克服した上で、自然と心から「自分が好き、皆も好き」と言えるような状態を目指すべきでしょう。

あなたのチームでも同様です。無理に人格者のふりをしようとはせず、心から自分のやっていることに自信を持つと同時に、メンバーの多様性を受け入れる。それぞれの個性を活《い》かし、仲間とワクワクしながら働くにはどうしたら良いかを考え、工夫することが大切です。

# 3　リーダーシップについての悩み

## ■次世代リーダーが育たない

「信頼できるリーダーがなかなか育っておらず、危機感を持っている。そもそも、

## リーダーシップを発揮しようとする若手がおらず、どう育てたら良いのか教えてほしい」【50代・マスコミ・部長】

残念ながら、これまでの義務教育から高校、大学のほとんどで「主体的で対話的な深い学び」が行われなかったことに大きな問題があります。もちろん、若手の側と相談者の側の、共通の問題です。「主体的でコミュニケーション能力の高い人」は、そのような教育を受けなければ、なかなか育ちません。2020年度より全面実施される文部科学省の新たな学習指導要領には、「主体的で対話的な深い学び」が重要であると明記されています。教育は社会を変えていきますから、これから徐々に変化の兆《きざ》しは見え始めるでしょう。

企業においても、主体的で対話的な学びの機会を設けて、社員を教育する時代がやってきます。そのために大切なことは、制度とマインドの革新でしょう。

中でも企業が今、第1にやるべきことは、理念の改革と浸透です。「社員の成長や幸せにも配慮した経営をする」という理念を組織のトップが持ち、それをメンバーに浸透させるための制度構築が必要なのです。具体的には、現在、一部の企業で取り組みが始まっている異業種交流型の研修制度や他社へのインターンシップ、交換留学、副業の許可といったような、**「従業員の経験を促進する制度」を定着させ**

**ることが有効**でしょう。

私が所属する慶應義塾大学大学院のシステムデザイン・マネジメント研究科の学生の多くは社会人ですが、学生間の情報交換は活発で、自ら学ぼうという熱意に溢《あふ》れています。仕事上は競合他社でも、学びの場では仲間ですから、裏表なく自分の強みを活かし合って切磋琢磨《せっさたくま》しています。多様性が生きているのです。

また、文部科学省も、社会人教育や生涯学習といったリカレント教育の推進に向けて、さまざまな施策を構築しています。

2つ目にやるべきことは、**マインドの醸成**です。制度によって高めることもできますが、他にも対話の機会を増やすなどして、リーダーとして力強く行動していきたいというマインドを育てることが重要です。

基本的に、やる気のない人をやる気にさせるのは難しいことです。本人がその気になる必要がありますから、口うるさく言っても効果はありません。周囲や上司ができることは、多様な経験の中から本人が目覚めるのを待つために、機会を提供することでしょう。

最近注目されているモチベーションやエンゲージメント（仕事への没入・集中）もリーダーシップと関連しています。幸せの4因子では「やってみよう」「何とかなる」のマインドです。モチベーションとエンゲージメントを高め、チャレンジしやすい組織風土を創る。併せてチームメンバー同士で感謝し合い、信頼し合えるような取り組みも必要です。

リーダーシップはすぐには育ちませんから、失敗や挑戦を繰り返すメンバーをリーダーが長い目で見守ることも大切です。会社が「制度」だけを整えても、本人たちの「マインド」だけを高めようとしても効果は出ません。二者が融合して初めて変化が起こるのです。

## ■ビジョンが浸透しない

「社員全体の一体感が感じられず、会社の理念やビジョンの共有ができていないように感じる。日頃から社員との対話を心がけているが、なかなか思うような結果が出ない」【60代・製造業・取締役】

あなたの会社やチームでは、本気でビジョンを語っていますか？　改めて「ビジョン」を辞書で引いてみると、**1、将来の構想。展望。また、将来を見通す力。洞察力　2、視覚。視力。また、視覚による映像**　とあります。

組織においてのビジョンとは、会社やそこに属するチームメンバーが心から成し遂げたいと考える未来像や構想です。「理念」や「目的」と言ってもいいでしょう。

そこに強い想いがなければ、ただの綺麗《きれい》ごとで終わってしまいます。

当然、ビジョンが浸透している会社としていない会社がありますが、その違いは、どれだけ本気で想いを語り合っているかではないでしょうか。

こうしたことは一見、どこか宗教のように感じられるかもしれません。

しかし、ビジョンが浸透し、そこに属する人々が本気で信じているのが宗教ですから、ある意味、良い企業の理念と宗教の教えは、メカニズムとしてはよく似ているのです。

日本は明治維新の際に神仏分離を行い、特定の宗教が廃《すた》れていきました。さらに敗戦で国家神道を廃止した結果、宗教色の薄い国になりました。それまでは宗教が思想の中心を担う国だったのが、戦後から現在に至るまで中心思想のない国として歩んできたのです。

ここに問題の本質があります。もちろん戦前の体質に戻れという意味ではなく、本来の日本の和の精神など、中心になるものを新たに再構築する必要があるのではないかということです。

私は、幸福学は今後、この一翼を担うものになると考えています。宗教や思想を信じ難くなった日本において、心理学や統計学をベースにした生き方の指南とも言える幸福学が、日本のビジョンの理論に貢献できるのではないかと思うのです。

さて、国家の話から会社の話に戻りましょう。

会社の中心思想こそが、会社で言うところのビジョンです。国家と会社が相似形になっていることがおわかりかと思います。国家も、会社も、基本理念やビジョンをあまり重視しないまま進んできてしまった。このことがビジョンの浸透やリーダーの育成を困難にしています。これからは皆で熱く語り合い、ビジョンを創造し、浸透させていきたいものです。

そのためには、これまでに何度も述べてきたように、他人を変えようとする前に、自分が変わることが重要です。「なぜ社員はビジョンを理解しないのか」という問いではなく、「どうすれば、自分はもっと理念を熱く伝えられるのか」を考えましょう。伝わらないということは、あなたの伝え方が不十分という一面もあるのです。

## ■新規事業が生まれない・イノベーションが起こらない

「経営陣からは、ことあるごとに新規事業開発や事業イノベーションを求められるが、簡単に良いアイデアが生まれるはずがなく、経営層と現場の意識の乖離《かいり》に困っている。現場は日々の業務をこなすのに精一杯なので、そんな余裕もない」【40代・メーカー・部長】

幸せな社員は不幸せな社員よりも創造性が3倍高いという研究結果からもわかるように、幸せとイノベーションは相関しています。つまり、イノベーションの起きる職場は幸せな職場、イノベーションが起きない職場は不幸せな職場とも言えます。イノベーションを起こすためには、本書の主題である「幸せに働くこと」が一番です。

しかし、イノベーションがなかなか起きない不幸な職場が多いのも事実です。ブレーンストーミングをしても良いアイデアが出ない、どれも似通ったアイデアばかりで目新しさがないなど、多くの企業が閉塞感に悩まされています。

**「ある問題を引き起こしたのと同じマインドセットのままで、その問題を解決することはできない」――アルベルト・アインシュタイン**

これは社会課題解決やイノベーションを語る上で、しばしば用いられるアインシュタインの言葉です。今の組織に求められることは、まさにこの**マインドセット(個々の思考様式のこと)の変革**です。

広く一般的な事象はもちろんのこと、ビジネス界でも、この十数年の間にそれまで当たり前であったことが見事に崩壊し、思いもよらないようなビジネスが台頭してきました。

特にテクノロジーの進化は目覚ましく、過去を踏襲するだけではまったく太刀打ちできません。マインドセット変革のためには、世界と自分を俯瞰しつつ、多様な人や自分と対話することが有効です。すると、世界と自己を深く知ることができ、何が課題で、どんな変革が求められているかが浮き上がります。家族や友人、会社のチームメンバーたちとの対話のみならず、ブレインストーミングも有効でしょう。

たとえば、ANAホールディングスには、「デジタル・デザイン・ラボ」（以下、DD-Lab）という新しい組織があります。

2016年4月に立ち上がったDD-Labのミッションは、「やんちゃ」な発想で「破壊的イノベーション」を起こすこと。既存事業の枠にとらわれない、新しい技術やビジネスモデルの可能性を、トライアル&エラーを繰り返しながら探究し続ける、まさに「ラボラトリー（研究室、実験室）」です。

ラボのメンバーには、エンジニアや空港スタッフ、マーケッター、キャビンアテンダントなど多様なキャリアの人々が集められました。DD-Labのチーフ・ディレクターを務める津田佳明さんは、さまざまなバックボーンを持つ個性的な部下たちが自分のやりたいことに対して失敗を恐れずチャレンジできるようなチーム作りを実践するリーダーです。

津田さんは、突拍子もないアイデアやビジネスモデルを頭ごなしに否定することなく、部下との対話を通して、リスクやメリットを明確化し、その上で「行ける！」と思ったプロジェクトに関しては、部下たちを信じ、任せています。

仮に失敗したとしても、そこはリーダーとして責任をとる覚悟を持っておられます。チームメンバーそれぞれが、やりたいことに邁進《まいしん》できる環境作りもリーダーに求められる資質の一つなのです。

私が勤めていた頃のキヤノンにもイノベーティブな思考を喚起させるような取り組みがありました。過去にGoogle社なども導入して話題となった「**20%ルール**」です。勤務時間の20%を、通常業務とは異なる自分が取り組みたい研究やプロジェクトに使える制度です。

キヤノンという企業全体の制度ではなく、私が所属していた研究所の所長が発案し、責任を持って取り組んだ試みでしたが、大変ワクワクしたことを覚えています。毎日同じ業務ばかり遂行しているとマンネリになり、クオリティも低下しがちです。そこで、たとえわずかな時間でも自分が心から「やってみたい！」と思える事柄に取り組む。これがモチベーションアップにつながり、ひいてはイノベーションへとつながるのです。

**■チームリーダーになったが、前任者と比べられて、やり辛い**

**「10名ほどのチームのリーダーとなったが、上司から前任者と比べられて仕事がやり辛い。自分のやり方でマネジメントしようと努力しているところを否定されると、こちらのやる気もなくなってしまう」【30代・情報通信・チームリーダー】**

日本人はなぜ、人と比べることが好きなのでしょう。学生時代は成績を比べられ、社会人になっても業績や出世、能力などを比べられてしまう。「前任者はリーダーシップがあった」とか、「君はマネジメント力に欠ける」など、他人は言いたい放題です。

イノベーション論から言えば、多様な人がいた方が、イノベーションが起こりやすいことが知られています。画一的な仕事をするなら、画一的に育てられたマニュアル人間の方が効率は良いかもしれませんが、創意工夫をして、新たな世界を切り拓《ひら》くような仕事をするためには、多様なメンバーがいた方が良いことは明らかです。

**「多様な人が集まれば、その知能指数には依存せず、一人の場合よりも優れたアイデアが出やすい」**という研究結果もあります。知能は関係なく、誰でもいいから多様な人が集まれば、イノベーションが起こりやすいことが実証されているのです。

また、誰かと比べられてやり辛いと感じるのであれば、比べる人に対して正直に自分の感じていることを伝えてみるのも有効でしょう。こちらがオープンマインドで接すれば、相手はすぐには変わらなくとも、必ず響くはずです。

さて、比べることの弊害について強調してきましたが、質問者が前任者と比べられ過ぎると感じていることについての、別の可能性についても触れておきましょう。被害妄想のケースと、謙虚に学ぶべきケースです。

前者は神経質になり過ぎて、実は周りはさほど比較していないのに自分自身が気にし過ぎている場合。この場合も、周囲の人とよく話をしてみることをお勧めします。胸襟を開いてこちらの懸念を話してみれば、実際にはそうでなかったとわかるかもしれません。

それから、学ぶべきケース。この方がやろうとしている方法がまずかったり、前任者の方法が素晴らしかったりして、実際にこの方が学ぶべきケースである可能性もあります。周囲の人も、親切に前任者の素晴らしいやり方を伝えてくれているのかもしれません。

いずれにしても、質問者自身が冷静に我が身を振り返ることが問題解決の鍵となるでしょう。

# 第5章

# 実践編・職場で今すぐできる幸せのレッスン

私はこれまで仲間とともに、さまざまな企業でメンバーが幸せになるための研究や研修を行ってきました。第5章ではそれらの経験をベースとして、幸福度やポジティブさを高めるためのレッスンについてお伝えしましょう。

一人ですぐにできる簡単なものから、紙に書いたり、周囲の方と協力したり、毎日続けることで効果を感じられるものもあります。まず気軽な気持ちでトライしてみてください。

# 1 対話力のレッスン

## 傾聴

これまで何度も登場した「傾聴」とは、文字どおり「耳を傾け、相手の話を注意深く聴く」こと。英訳すると「active listening（アクティブリスニング）」です。目の前の相手の話を聴く際に、全身全霊でその人の声に耳（心）を傾け、積極的に相手の話を聴くということです。

多くの人は、相手が話している最中も「次はこんなことを言おう」とか、「こんなことを言ったらどう思われるかな」など判断や思考を続けています。しかし、話し手が安心して心を開き、何でも話せる状態を作るためには、「話し手を尊重し、心から聴く」という姿勢が大切です。

## 傾聴のポイント

**1　相手の言葉に耳を傾け、途中で遮ることなく、最後までしっかりと聴く**

**2　ペーシング（相手の表情やしぐさ、声のトーンなどに合わせる）することで、感情に寄り添う**

**3　リーディング（最適な質問を投げかけることで、相手をリードする）によって、話し手の世界を広げる**

傾聴は、意識して続けていくと、徐々にうまくなります。最初は難しいので、相手の話を興味深く聴き、その話をより深く聞き出すためにはどんな質問が適切か、と考えてみることを、意識してみましょう。

## 対話（ダイアログ）

**「対話（ダイアログ）の目的は物事の分析ではなく、議論に勝つことでも意見を交換することでもない。いわば、あなたの意見を目の前に掲げて、それを見ることなのである」**（『ダイアローグ　対立から共生へ、議論から対話へ』デヴィッド・ボーム著、英治出版）

今やビジネスの世界だけでなく、政治や教育の現場でも、対話の重要性が見直されています。対話はディスカッションやディベートと同じと捉える方もいますが、「話し合い」という意味では同じでも、プロセスとゴールが異なります。

ディスカッションやディベートには、「勝ち負け」や「優勢・劣勢」などのジャッジメントが伴います。話し合いながらも、戦っているようなイメージでしょうか。

一方、対話にはそういった判断や勝敗は必要ありません（勝敗のための対話もあり得るという立場もありますが、ここではボームの定義に従います）。

ディスカッションやディベートのゴールは、合意を作り出したり、勝者を決めることです。一方、対話は相互理解を深めること、内なる自分に気づくこと、新たな気づきやアイデアを得ることをゴールとしています。

この点については、拙著『無意識と対話する方法　あなたと世界の難問を解決に導く「ダイアローグ」のすごい力』（ワニブックス）に記しましたので、ご興味のある方はぜひそちらも読んでみてください。対話についての理解が深まると思います。

対話とは、遥か昔から人々の間で自然に行われてきたものであると言われていま す。冒頭にご紹介した、アメリカの物理学者であり、「ダイアログ」の開発者でもあるボーム博士によると、ネイティブ・アメリカンの部族たちの生活の中に、ダイアログの要素が見受けられたということです。

トーキング・サークルという対話手法で、彼らは夜、焚《た》き火を囲んで輪になって座ります。そして、身近な大小の問題から今後のことなど、あらゆることを話し合います。そこでは特定のリーダーは決められておらず、全員の意見が同じトーンで受け止められます。その場にいるすべての人がフラットな立場で話し合いを進めるのです。

まさにこれが理想的な対話のあり方です。対話とは、寄り添い、共にいることです。ビジネスシーンのみならず、ぜひ家庭や地域活動においても対話を取り入れてみてください。

「対話をしなければ」と気負う必要はありません。自分の判断に固執することなく、オープンマインドでお互いを尊重し合えば良いのです。

## 対話の４つのポイント

**Voicing: 声に出す（自分の心に浮かんだことを、遠慮せず、そのまま言葉にする）**
**Listening: 深く耳を傾ける（相手に寄り添い、傾聴する）**
**Respecting: 尊重する（お互いを敬い、お互いの考えを敬う）**
**Suspending: 保留する（判断・批判しそうになったら、しばらく心に置いておく）**

この４つのポイントを意識しながら、お互いの理解を深めようというオープンマインドな姿勢が重要です。いつもよりもリラックスしてゆっくりと話すのもお勧めです。

インターネットの普及により、現代人は慢性的なコミュニケーション不足に陥っています。メールやラインを通したコミュニケーションは増加していますが、顔を突き合わせ、対話を深めるという行為は激減しています。人間関係のトラブルの多くはこうしたリアルで質の高いコミュニケーションの不足から起こります。普段から深い対話を心がけたいですね。

# ウェルビーイング・ダイアログ1 on 1

さて、次は、実際のビジネスの現場でも導入されている「ウェルビーイング・ダイアログ1on1《ワンオンワン》」を紹介しましょう。

第3章のヤフーとダイヤモンドメディアの事例でも紹介しましたが、近年、1on1ミーティングは多くの企業で制度の一環として導入されています。人々の（主に部下の）考えていることを仕事内容にかかわらず、（主に上司が）深く傾聴する対話です。

仕事の流れとしては、上から下へ指示・命令をすることになりがちな組織において、部下の考えていることを上司が聴くことに徹するというのは効果的な試みです。

しかしながら、全員が傾聴のスキルを有しているわけではありませんから、実際の現場ではなかなか成果が出ず、苦戦している企業も少なくないようです。

結局、業務の話をしたり、上司が部下にアドバイスをしたり、さらにまずい場合には指示や命令をする場になっているケースが後を絶ちません。つまり、本来は傾聴する側が、1on1のための適切な問いを発せないという課題が頻繁に生じているのです。

そこで私の研究室で開発したのが「ウェルビーイング・ダイアログ1on1」です。

話を聞き出す側（ここでは上司）は、幸せの4つの因子（24ページ参照）から導き出された問いを利用します。この結果、仕事の話を聞き出して助言・指示・命令に陥るのを防ぎ、本来1 on 1で行うべき深い対話を行うことが可能になります。

また、幸福学から導き出された問いは、それについて話をしている者同士の幸福度が共に高まることを、我々は研究により確認しています。つまり、この1 on 1を行っているだけで上司と部下が幸せになります。幸せな社員は創造的、生産的、協力的、利他的であることがわかっていますから、**ウェルビーイング・ダイアログは、行うだけで業績にも良い影響を及ぼし、上司と部下の関係性も良くなる方法**というわけです。

ウェルビーイング・ダイアログでの問いは、生きる上で根源的な問いかけでもあります。そもそも幸福学自体が「幸せとは何か」を問うものですから、全体的で根源的です。従ってウェルビーイング・ダイアログをチームで行うだけで、本質的かつ深い対話が行えるのです。

問いは幸せの4つの因子にまつわるものでなくても構いません。目先のことや仕事のことではなく、本質的・根源的で視野の広い「そもそも」の問いであればよいのです。より大きなテーマ、より深いテーマ、より根源的なテーマについて、チームメンバー同士で対話をすると、いろいろな視点での気づきがあります。

そして、**前向きで楽観的であることが幸福度を高める要因の一つであることを念頭に置き、話す言葉は、ポジティブワードを意識すると効果的**です。

そして同じくらい大切なことは、**オープンマインドであること**です。対話（1 on 1）をするときには、判断や批判、批評を手放し、心から相手と向き合うことを心がけることが重要です。傾聴や対話の心得と同じです。そうすることで自分の心も整いますし、メンバーと深いつながりを感じられるようになります。

これまでの旧世代型リーダー、つまりトップダウン型のマネジメントスタイルの場合は対話ではなく、一方的な管理型コミュニケーションが行われがちでした。チームの力より個々の力を伸ばすことが優先されました。

一方、次世代型のリーダーは1 on 1やコーチングなどの対話を通して各人の持つ力を引き出しながら個々の力を結集させ、一つのチームを作り上げていくようなリーダーです。

つまり、**次世代型リーダーに求められる能力は、「対話を促進する力」と「場を創造する力」**です。メンバーたちにとって、ポジティブで安心・安全な場であるサイコロジカルセーフティゾーン（心理的安全性）を構築する力とも言えます。

そのためには、メンバーたちに心から興味や関心を持って関わり、傾聴や承認をベースにしたコミュニケーションを行うことが重要です。

メンバーたちにとって安心・安全な場作りができれば、それぞれが目指すビジョンに向け、どんな未来を創造していくかをシェアし合えますし、チーム全体が一つのゴールに向けて一丸となって邁進《まいしん》できます。チームが創造性を発揮すれば、その力は指数関数的に伸びるでしょう。

ウェルビーイング・ダイアログに基づく1on1を行う際の「問い」のリストを、以下に掲載しておきます。各自でアレンジしながら、活用していただければ幸いです。

繰り返しになりますが、**1on1の際に忘れてはいけないのは、こうした問いに答えた部下に対して、上司は評価や判断、助言などは一切しない**、ということです。

## 幸福学に基づいた1on1における48の「問い」リスト

### ■第1因子「やってみよう！」因子（自己実現と成長の因子）に関する問い

**強みのワーク**

- **あなたの強みを3つ挙げてください。**

・あなたが（過去に）褒められたことを3つ挙げてください。
・自分自身を褒める言葉を3つ挙げてください。

**成長のワーク**

・これまであなたが成長した、変化した、学習したと思うことを教えてください。
・成長したきっかけは何だったかを教えてください。
・今後、成長したいと思うことを教えてください。

**夢と目標のワーク**

・あなたの目標や夢について身近なものから壮大なものまで3つ挙げてください。
・それを実現したい理由を教えてください。
・実現するための具体的で小さなステップはどんなことですか？

**社会貢献のワーク**

・自分が社会の役に立っていると感じることを3つ挙げてください。
・新たに取り組みたい社会貢献を3つ挙げてください。
・社会貢献のために今日から踏み出せる一歩とは、どんなことですか？

■第2因子「ありがとう！」因子（つながりと感謝の因子）に関する問い

感謝のワーク

・自分自身に対して、感謝したいことを3つ挙げてください。
・自分の身近な人に対して、感謝したいことを3つ挙げてください。
・自分の苦手な人や嫌いな人に対して、感謝したいことを3つ挙げてください。

愛情のワーク

・あなたを大切に想ってくれる人を3人挙げてください。
・愛されていると感じた体験について教えてください。
・今後、周りの人とどんな（愛のある）関係を築いていきたいですか？

親切のワーク

・日々の生活において他者に親切にしたいと思っていること、ないしは実際に親切にしていることを3つ挙げてください。
・右記の行動により、どんな気持ちになりましたか？

・今後、他者に親切にしたいことを教えてください。

### 喜びのワーク

・人を喜ばせるためにしていることを3つ挙げてください。
・誰を喜ばせたいですか？
・人を喜ばせることに関して、今日から取り組めることを教えてください。

## ■第3因子「なんとかなる！」因子（前向きと楽観の因子）に関する問い

### 楽観のワーク

・思いどおりにいかず困っていること、悩んでいることを3つ思い浮かべ、何とかなる／何とかする／気にしない、と言い換えてみてください。
・右記について、他の考え方はないか？　と考えてみてください。
・右記について、今できることを教えてください。

### 切り替えのワーク

・仕事での失敗や不安な感情で引きずっていることや気になっていることを3つ思

い浮かべ、気にしてばかりいても仕方がないので、もう気にしない、引きずらない、気持ちを切り替えると言い換えてください。

・これまでに、どんなふうに気持ちを切り替えてきたかを教えてください。

・気持ちを切り替えて、落ち込んでいた時間を有効に使うことを想像してみてください。やってみたいことは何ですか？

## 自己受容のワーク

・自分の嫌いなところ、だめなところ、嫌なところ、気になるところを３つ思い浮かべた後、そういう部分も含め自分は自分を受容すると言い換えてください。

・自分がこれまで頑張ってきたことを教えてください。

・５年後の自分から今の自分にアドバイスをするとしたら、どんなことを伝えますか？

## 他者関係のワーク

・近しい関係を維持することができない人を３人思い浮かべ、その人と仲良くしている姿を想像してください。どんな会話をしていますか？

・苦手な人について、違う見方はできないか、いいところはどこか考えてみてください。

・関係を改善するために、取り組めそうなことを考えてみてください。

■第4因子「ありのままに！」因子（独立と自分らしさの因子）に関する問い

マイウェイのワーク

・つい自分のすることと他者のすることを比較してしまうことがある場合、それについて、自分は自分らしく、比べない、人の目は気にしないと言い換えてくださ い。

・自分が好きなもの・こと（できれば個性的で独特な）を教えてください。

・右記の理由を教えてください。

自分ごとのワーク

・自分が直面している困難を外部の制約のせいや他人のせいにしてしまっていることがある場合、それらを自分の問題として捉えてみる、自分から動いて何とかする、自分の問題として解決する、などと言い換えてみてください。

・直面している問題をどう解決するか、具体的な行動について教えてください。

・自分の問題として考えられそうな外部の課題を挙げてください。

### ぶれない軸のワーク

・自分自身について信念が変化したり、揺れ動いたり、ぶれたりしてしまうことを3つ思い浮かべ、それらをこれからは変化しないようにする、揺れ動かないよう心がける、ぶれない自分を捜してみる、などと言い換えてください。
・自分の軸になっている価値観について教えてください。
・ぶれないことのメリットは何だと思いますか？

### 集中のワーク

・何かをするとき、集中できなかったり、気が散ったり、途中で挫折したりすることを3つ挙げてください。
・集中するためにできそうな対策はどんなことでしょうか？
・集中することのメリットは何だと思いますか？

以上の問いを、次から次へと問いかけるのではなく、今日は「喜び」の1つ目について話し合ってみようというように、じっくりと向き合うことをお勧めします。

48個ありますので、毎日1つずつやると、48日間、対話を楽しむことができます。また、ウェルビーイング・ダイアログ2on1という方法もあります。1人の話を2人で傾聴するのです。やり方は1on1と同じです。聴く人が2人いると、つい助言や指導、コントロール型の会話になるのを防ぐことができ、意見を交わす際にも多様性が出ます。

もちろん、ウェルビーイング・ダイアログn on 1（nは任意の整数）も可能です。皆さんの職場の状況に合わせて、幸せに関する対話を楽しんでください。

企業向けの研修で行うハッピーワークショップも、基本的な原理は同じです。1名または数名のファシリテーターが付き、こうした本質的な問いに関して、チームメンバーや同僚たちと発表し合い、質問し合って、内容を掘り下げていくエクササイズです。

メンバー間で本質的な問いをシェアし、深く対話することによって、相互理解が深まるほか、幸せの4つの因子が高まるのです。

ワークショップには、ショートバージョンやロングバージョンなど、さまざまなものがありますが、こうしたワークショップの前後に、人生満足尺度、感情的幸福度（ポジティブ感情、ネガティブ感情）、幸福度指標（幸せの4因子）のアンケートを行ったところ、人生満足尺度とポジティブ感情、幸福度指標が上昇し、ネガティブ感情は減少していることが計測されています。

また、このワークショップを機に職場で周りの人に感謝したくなり、楽観的に考えられるようになり、自分らしく振る舞えるようになった、などの声も多数挙がっています。

さらには、**こうしたことを一人でノートなどに書き出すだけでも、幸福度はアップする**と考えられます。頭の中に思いついたことを整理し、その文字を目で見ることによって、今まで以上に明確に、あなた自身の中に幸せな状態を定着させることができるために、無意識のうちに次の行動に移しやすくなるからです。

# 2 調和型リーダーシップ力のレッスン

## STOP! ザ・ネガティブワード（ポジティブワードだけで会話を成立させる話し方）

人と話すとき、あなたはどんなことに気をつけていますか？

たとえば、以下の3パターンの言い方をされた場合、どれが不愉快に感じるでしょうか。

**A：こんな資料ではダメだな。**

**B：この資料のここは良いね。でも、この部分はダメだなあ。**

**C：この資料、良いね！　さらにこの部分をこうしたら、もっと良くなるんじゃないかな。**

いかがでしょうか。自分が長時間かけて作成した資料に対して、Aのような言い方をされたら、残念な気持ちになりませんか？　もちろん明らかに失敗する危険性があるとか、間違っている場合には、このような物言いをされても仕方がないかもしれません。しかし、通常の生活やビジネスシーンにおいて、そこまで全否定すべき緊迫した状態は、ほとんどないのではないでしょうか。

Bは、ポジティブ＋ネガティブですから、Aよりは嫌な気持ちはしません。しかし、「ダメ」というひと言で、人のやる気を削いでしまう可能性があります。

3つ目のCは、ポジティブ＋アドバイスでネガティブワードがありません。このような言い方をされたら、「そうか、じゃあもう少し考えてみようかな」と思えるのではないでしょうか。会話というのは、ネガティブワードなしに成立するものなのです。

アメリカのポジティブ心理学者バーバラ・フレドリクソンが提唱する、ポジティブ感情とネガティブ感情の黄金比**「3：1の法則」**という研究結果があります。フレドリクソンは、ネガティブな感情がゼロになるということはあり得ないとした上で、**ポジティブな感情がネガティブな感情を3倍上回ることで、物ごとは良い方向へ行く**と述べています。

なお、3：1が正確かどうかについては議論がありますので、数字は目安程度と捉えてください。たとえば「○○はダメだね」と言ってしまったら、その後に「でも、××は良かった」と3倍くらいフォローすると良いということです。

人はネガティブな表現に対して、とても敏感です。特に**日本人は、遺伝子的に世界でもっとも不安を感じやすい民族である**という脳科学の研究結果もあります。

私自身、授業や講演ではもちろん、学生一人ひとりに対してもできるだけネガティブな表現は使わないように心がけています。これも続けるうちに自然とできるようになっていきます。慣れるまでは、口にする前にネガティブワードがないか確認するのもいいですね。

ただし言葉の捉え方には個人差があるのも事実です。少し否定されただけでひどく落ち込む人もいれば、否定されないとなかなか力を発揮できない人もいます。相手をよく観察し、この人にはこの言い方がいいな、というそれぞれのベストを見つけると良いでしょう。

## メタ認知

第4章に登場した「メタ認知」ですが、この言葉はもともと心理学の専門用語でした。1970年代にアメリカの心理学者、ジョン・H・フラベルが定義し、広まりました。メタ認知の「メタ」とは「高次の」とか「〜を超えて」という意味です。つまり、メタ認知とは、自分の思考や行動を1つ上のレイヤーから客観的に認知するということです。

たとえば、何か嫌なことがあってイラっとするのが「認知」だとすると、イラっとしている自分を上から眺めて「自分はイラっとしているな」と考えるのが「メタ認知」です。

チーム内のコミュニケーションを円滑にするには、つねにメタ認知をし、大きく広い視点で考えることが重要です。物ごとをメタの視点で捉えることは、ビジネスにおいても非常に重要なポイントとなりますから、日頃からトレーニングしておくことをお勧めします。

**トレーニング①**　「メタ認知」のイメージトレーニング

目を閉じて、イラっとしたり、怒ったりしたときの感情をイメージしてみる

↓

その感情を客観的に味わいながら、ゆっくりと呼吸する

↓

イラっとした自分を、「イラっとしているなあ」と見つめながら、これまでとは違う言い回しをする状況を思い浮かべてみる

トレーニング後、似たような状況になったときに実践してみましょう。「イメージトレーニング⇅実践」を繰り返すことで、イライラのループから抜け出しやすくなります。

**トレーニング②**　5秒間だけ待つ

**イライラしたり、落ち込んだり、怒りたくなったら、まず5秒間、カウントして待ちましょう。その間にメタ認知をします。「自分はイライラしているなあ」と客観的に自分を見てみます。同時に深呼吸をしたり、視点を変えたり、身体を動かしてみます。気分転換も有効です。**

## トレーニング③　客観的に、理想の姿と今の自分を比べてみる

**「こうなりたい」と思える人（著名人でも身近な人でも良い）を意識し、自分が何かをするときに、「こんなとき、彼／彼女だったらどうするか」と自問しながら行動してみます。またメタ認知ではありませんが、「私はすでに良いリーダーだ」と自分に言い聞かせることも、自分を客観的に感じられるため、良いレッスンになります。**

ハーバード大学の心理社会学者エイミー・カディも、**「Fake it till you make it.」（うまくできるようになるまで、うまくいっているふりをしなさい）**と言っています。

たとえば、パワーポーズ（たとえば両手をVの字に上げた力強いポーズ）をした後で自分の理想とするプレゼンを無理やり演じていると、実際に理想のプレゼンに

近づいていくという研究結果があります。力強いポーズをとっていると支配性ホルモンであるテストステロンの分泌が促進され、ストレス性ホルモンであるコルチゾールの分泌が抑制されるからです。

無理をする必要はありませんが、人間は目標を明確に持って、その目標にかなった人であるかのように振る舞っていると、自然とそれに近くなっていくということが脳科学的にも検証されているのです。

# 3 創造的なチームのためのレッスン

## ブレインストーミング

ブレインストーミングは多様なアイデアを出すための基本的な手法です。幸福学の文脈で使うなら、たとえば自分やチームの幸福度をさらに高めるためにどんなことをしたら良いのか、というテーマでブレインストーミングをすれば、幸福度を高めるためのアイデアがどんどん出てくるでしょう。

というのも、ブレインストーミングはアイデアを大量に発想する際に用いられる手法ですから、突拍子もないアイデアや奇抜なアイデアなど、どんなアイデアでもいいのです。そしてどんなアイデアが出てきても否定せず、皆でシェアし合います。

ブレインストーミングのルールは、対話の心得と似ています。人のアイデアを聞き、尊重し、批判的なコメントはせず、自分も何か思いついたら躊躇《ちゅうちょ》せずに出してみる。

ただし、対話とはスピード感が違います。ブレインストーミングの方が高速です。私は、ブレインストーミングは対話の高速版と言ってもいいと考えています。

イノベーション創出のアイデア出しでは必要不可欠なブレインストーミングですが、これを活用したハッピーブレインストーミングをお勧めします。**職場で「どうしたら毎日の業務にワクワクできるか」をテーマにアイデア出しを定期的に開催するのです。**

以前、私が関わった企業の一社でブレインストーミングを行った際には、職場や働くことが楽しくなるようなアイデアが続々と出てきました。

たとえば、月曜日は「ネガティブ会話禁止デー」、火曜日は「お菓子タイムデー」、水曜日は「上司を褒めるデー」など。

他にも、毎月誕生日会をするとか、レクリエーション担当社員を決める、挨拶はハイタッチやハグ、頑張ったら世界旅行……などなど。たわいのないアイデアや、ふざけているようなアイデアもありますが、楽しみながらワイルドな発想をするとともに、その一部を実行することで、社員の幸福度やモチベーションが上がり、結果的に全社の業績が向上したのです。

また、ある企業では、ブレインストーミングの結果として出てきたアイデアである「感謝ボックス」を設置し、日々、感謝する出来事があったらそのボックスにその内容を書いたメモを入れておく仕組みを作ったそうです。

ところが、始めてから数カ月は積極的に活用されていましたが、徐々に実践する人が減少してしまいました。そこで今度は、「感謝ボックスが活用されるためには」というテーマでブレインストーミングを実施し、異なる視点から次々とアイデアを出したそうです。

つまり、うまくいかなければ、うまくいくような新たな手法を考えれば良いのです。このようなトライアル＆エラーの循環は、イノベーション創出のレッスンとしても有効です。

# 4　個人の力を整えるためのレッスン

## マインドフルネス

「マインドフルネス」とは、瞑想《めいそう》（メディテーション）などを行って心を整え、過去や未来のことに思い煩わずに、「今、ここ」に意識を集中した状態のことであると言われています。アメリカのgoogle社などの最先端の企業が研修に取り入れたことで一躍脚光を浴びました。

マインドフルネスの起源は仏教にあると言われています。仏教において、涅槃《ねはん》に至るための8つの実践方法である「八正道《はっしょうどう》」の中の「正念《しょうねん》」には、その一瞬一瞬に集中し、判断を手放し、内なる自分に気づくという意味合いがあります。「今、ここ」に意識を向け、自分の内なる声に耳を澄まし、ありのままを捉えるのです。

スティーブ・ジョブズをはじめとする名だたる著名人も生活の一部にマインドフルネスや瞑想を取り入れているほか、近年は日本のビジネスシーンにおいても注目を集めています。

私は、マインドフルネスは幸福学と重なり合う分野だと考えています。なぜなら、幸せの第2因子である「ありがとう！」因子（つながりと感謝）は、「幸せホルモン」

と呼ばれるセロトニン、オキシトシンが出ている状態であり、これはマインドフルな状態と同様であると考えられるからです。また、マインドフルネスの「今ここに集中する」ということは、幸せの第4因子「ありのままに！」因子（独立と自分らしさ）と同様、「自分らしくある」状態だと言えるでしょう。

以上のように、マインドフルな状態は総じて幸せな状態であると考えられます。そもそも、仏教におけるマインドフルネス（正念）は、無我の境地（悟り）に至るための手段の一つです。無我の境地とは幸せの境地ですから、マインドフルな状態が幸せな状態と非常に近いのは当然のことと言えるでしょう。

ここでは、マインドフルな状態を作るための簡単な瞑想の方法を紹介しましょう。

**環境を整える**

**①集中できる場所を選ぶ**

**・できれば、一人になれる部屋が好ましい**

**・ベッドの上などでもＯＫ。できるだけ静かな場所が良い**

**②快適な状態であること**

**・寒過ぎず、暑過ぎない環境を選ぶ**

身体を整える

①楽な姿勢で座る。立ってもＯＫ
②背筋を伸ばし、心地良い位置を決める
・背骨から頭にかけて１本の糸で天井から吊るされているようなイメージをする
③肩の力を抜き、目を軽く閉じる
・半目を開けていてもＯＫ
④呼吸に意識を集中する
・できるだけ腹式呼吸を心がける
・鼻から、すーっとゆっくり息を吸い、お腹が膨らむのを感じとる
・これ以上は吸えないと思ったら、口からゆっくりと息を吐く
⑤これを数回繰り返す

ポイント

①「今、ここ」を意識する
②雑念が湧いてきたら、無理にそれを消そうとするのではなく、「ああ、今、雑念が湧いてきたなあ」とありのままを感じた後、再び呼吸に意識を向ける

この一連の流れは、特別な環境下でなくとも、いつでもできます。電車の待ち時間や電車の中、あるいは歩きながらでも構いません。そのとき起こったことや感じたことを、自分の内側から湧き上がる感情や感覚として味わってみてください。

瞑想に正解・不正解はありませんが、終了後に心がクリアになったり、リラックスできていれば大成功です。続けるうちに深い瞑想状態に入ることができるようになります。

もし、いろいろなことが頭の中を駆けめぐったら、メタ認知を行って元に戻ってください。つまり、「ああ、今、悩みやイライラや、いろいろなことが頭を駆けめぐっているなあ」と思い、また呼吸に意識を向ければいいのです。

## レッスンを始めるだけで幸福度は向上する

ここまで、さまざまなレッスン法をご紹介してきました。

このほかにも個人で今すぐ簡単にできるものとして、「**一日の終わりに、その日あった良いことを3つ書き出してみる**」とか、「**自分にできることをすべて書き出してみて、自分にできることはたくさんあることを確認する**」、「**自分の好きなことをすべて書き出してみて、自分には好きなことがたくさんあることを確認する**」、「**人の噂話《うわさばなし》をするときには短所ではなく、長所に注目する**」などなど、幸福度をアップさせる方法は多々あります。

どれも難しく考えず、まずはトライしてみてください。続けるうちにコツを掴《つか》めるようになり、習慣化され、気づいたときには幸福度が向上しているでしょう。

そしてぜひ、個人の幸福度を向上させるのと同時並行で、あなたの職場やチームの幸福度も向上させることを試みてください。自分あるいは周囲の人の幸福度を上げるには、普段から幸せを構成する4因子「やってみよう」「ありがとう」「なんとかなる」「ありのままに」を意識して行動することが有効です。

チームメンバーの幸福度が上がれば、必ずや第2章でお伝えしたポジティブなスパイラルが実現し、ウェルビーイング第一の組織が実現できるでしょう。

数年前、ある製造業の企業の社長さんから社員の幸福度を向上させるために力を貸してほしいとご依頼いただきました。これまでご紹介したワークのほかに、**上司と部下がその役割を逆転させるロールプレイや対話劇なども含め、さまざまな取り組みを続けた結果、数字の上でも著しい幸福度向上が認められ、効果を感じていただいています。**

成果が上がった理由は我々の取り組みが適切だったからだと自負していますが、もちろんそれだけではありません。

何よりも、**社長さんの「社員を幸せにしたい」という思いが社員に伝わったことが大きかったのです。**そう、「社員のウェルビーイングのために何かしたい」と社長自らが願ったときから変化は始まったのです。思いや、あり方は、確実に人に伝わります。

この章の最後でお伝えしたいことは、実はこれを読んでくださっているあなたの内面は、本書を手に取った瞬間から変わり始めているということです。あなた自身の「ウェルビーイングへの旅」はすでに始まっているのです。内面が変わったら次にやるべきことは、そのアウトプットです。まずは一歩を踏み出し、行動を起こすこと（「やってみよう！」因子）が大事なのです。

# 第6章

# 働き方の未来

## 「何をするか」よりも「いかに生きるか」が問われる時代へ

ここまで、さまざまな事例や取り組みについて述べてきました。まず、行き過ぎた合理主義・効率重視からの脱却という時代の流れの中で、従来どおりの経営スタイルや組織マネジメントは時代にそぐわなくなりつつあることについて述べました。では、これからはどんな経営が必要になるのか。一言で言うと、利益第一ではなく、幸せを第一に考える経営です。そして自分の幸せだけでなく、お客様の幸せだけでもなく、関わる人すべての幸せを第一に考える経営です。すなわち、「ウェルビーイング第一主義経営」（幸せファースト）。

短期的株主利益の最大化ではなく、その会社に関わるすべての人が長期的に幸せになるという大局的な目標を目指す。そのことをお伝えするために、本書では、ウェルビーイング第一主義経営に関する特に優れた事例やQ＆A、レッスンなどを紹介してきました。

ＡＩ化が加速度的に進む社会においては、近い将来、短い動画の情報だけで、そこに映る人物の人柄が良いか悪いかまで判断できるようになるでしょう。実際、ＡＩの最先端技術であるディープラーニングによる画像認識技術を使えば、原理的には今すぐにでも人柄分析を行うことが可能です。

容易ではないのは、ＡＩに「この人は人柄が良い人、悪い人」といった判断結果を1万も10万も機械学習させることです。逆に言えば、事例による機械学習さえできれば、ＡＩによって人柄を瞬時に見分けることが可能になる。人が認識できることとは、原理的にはすべてＡＩで認識できます。しかも機械学習を重ねれば、ＡＩの出す答えは人間以上の精度になります。従って、将来的には個々人の幸福度も簡単に計測できるようになるでしょう。

また今後、幸福度や健康度の認識能力においてもＡＩは軽く人間を超えるでしょうから、ディープラーニングを続けていけば、「今日のあなたは顔色が優れないので、定時に帰った方がいいでしょう」とか「いつもに比べて笑顔と会話が少ないようです。明日はしっかり休んでください」などと、ＡＩから指示を受けるような時代がやってくるでしょう。

個人データの管理については、健康診断結果と同じように秘密情報にするなどの法整備の必要があるでしょうが、技術的には、実現はもはや時間の問題です。

これに対応して**「いかに人間らしく生きるか」ということが、これからの人間の側の課題となっていくでしょう。何をするか（doing）ではなく、どう生きるか（being）が問われる時代になるということです。**

現代の20代の学生や若者を見ていると、すでに意識は変化してきているように感じます。いえ、変化しているというよりも、多様化しているという方が適切かもしれません。AIに負けないくらい創造的で感性豊か、かつ利他的な人が増えている半面、主体性を発揮できず、AIやロボットに惨敗しそうな人も少なくありません。

つまり、**「幸せ格差」が拡大している**と言うべきでしょう。昔は単一尺度による格差だったのが、これからはますます多様な格差へと拡大していくでしょう。

第4章の悩み相談にもありましたが、最近は、かつて一流企業と称されていた大企業に良い学生がなかなか就職しなくなったと言われます。理由は単純です。面白いことを思いつく人は、より自由で、ワクワクするような道を選ぶからです。「2割の人が生きる、楽しい社会」と「8割の人が生きる、楽しくない社会」の格差が拡大する現代社会において、格差をいかに減らしていくかということが、今後の重要課題となっていくでしょう。

その対処法の一つは制度の充実です。北欧の国々のように税金を高くして教育費や医療費を無償にする施策や、最近話題のベーシックインカム（最低限所得保障政策）など、公的な施策も可能でしょう。

一方で、本書で述べてきたウェルビーイング第一主義経営は、民間組織が工夫を凝らして行うことのできるマインド変革の施策と言えます。

## VUCA（ブーカ）時代を生き抜くためにこそ、幸せの追求を

たとえば新しいビジネスモデルを思いついて実行してみたけれど、うまくいかなかったという場合には、すぐに手を引くことができます。テクノロジーの進化によって、そういった試行錯誤的な方法が可能になったばかりか、大きな成果を出す時代になりました。「デザイン思考」や「人間中心設計」、「アジャイル開発」などの開発手法で提唱されている方法です。アジャイルとは「俊敏な」という意味で、短い開発期間単位を採用することでリスクを最小化しようとする開発手法の一つです。

こうした流れは、幸福学の進展とも並走しています。なぜなら創造的な人は幸せな人であるばかりか、試行錯誤を恐れずに新たなビジネスにトライして活躍できる人は「やってみよう！」「ありがとう！」「なんとかなる！」「ありのままに！」という幸せの4因子を満たす人でもあるからです。

また、幸せな働き方の一例として、社外の人同士が自由に新しいことにチャレンジしたり、副業をしたりすることが、多くの企業で解禁されつつあります。これまでの会社に所属したまま新しいことを始めてみて、失敗したらすぐやめることもできる。そんな柔軟でオープンな働き方が近年、広まりつつあるのです。

男女格差の問題、ハラスメントの問題、人口減少問題などを改善するために、これまで以上に、ダイバーシティ（多様性）とインクルージョン（包括性）が求められる時代です。第3章でご紹介したユニリーバ・ジャパンのWAAのように、さまざまな場所で好きな時間に働くことを推奨する流れも出てきています。

我々のチームが以前行った幸福度の調査によれば、**多様な人と接する頻度が高い人は幸福度が高くなる**傾向があります。つまり多様な人と関わる人は幸せな人ですから、ダイバーシティ&インクルージョンも幸せな生き方・働き方につながります。

以上のような新たな取り組みが、次々に創出される時代が到来しているのです。つまり、幸せな働き方自体が時代の流れと同じ方向を向いているため、これからは必然的に、ウェルビーイング第一主義経営が進展していくはずです。

現代の混沌《こんとん》とした時代を表す**「VUCA（ブーカ）」**という言葉があります。Volatility（変動性・不安定さ）、Uncertainty（不確実性・不確定さ）、Complexity（複雑性）、Ambiguity（曖昧性・不明確さ）という4つのキーワードの頭文字を取った言葉で、もともとはアメリカの軍事用語でしたが、今では現代の経営環境や個人のキャリアを取り巻く状況を表現しています。不確実性に溢《あふ》れた先の見えない時代の閉塞感の中で、高齢化やGDP減少などのマイナス要素が取り沙《ざ》汰《た》されています。

しかし、もう少し広い視野でポジティブに捉えてみると、これからの世界は人類史上、もっとも大きなチャンスに溢れた時代であると言えるでしょう。

たとえば、以前なら大企業のインフラを使わなければ実現できなかったような物作りも、今やインターネット環境や3Dプリンター、情報収集力と少しの工夫、そして情熱があれば、簡単に作れるようになりました。ウェブのアプリケーションやコンテンツの制作も同様です。世界中がインターネットにつながり、新たな変化とチャンスに溢れています。大規模な設備投資や人員確保がなくとも、一気に世界一になれる時代なのです。

繰り返しますが、それに気づいた人にとっては大きな可能性に溢れた時代ですが、気づいていない人にとっては、依然として閉塞感に溢れた時代です。残念ながら、放っておくと、この格差は今後も加速度的に拡大していくでしょう。私がもっとも憂慮していることは、「幸せの格差」のさらなる拡大です。

日本の子どもの6人に1人は貧困というデータがあります。ご存じのとおり、経済的な格差は拡大しつつあります。おそらく同じ勢いで幸せの格差や、新しいことにチャレンジする機会の格差や面白く有益な情報に接するリテラシーなどの格差も広がっていくでしょう。

しかし、私の夢は世界の誰もが幸せに暮らす社会を作ることです。そのためには、すべての人が「やってみよう」「なんとかなる」と思え、「ありのまま」のやりがいを見つけ、多様な人同士が「ありがとう」とつながり合う世界を作るべきだと考えています。やりがいとつながり。これらを見出せないでいる人たちに、いかにやりがいとつながりを提供できる社会を作っていくか。幸せ格差縮小のための第一の課題はここにあります。

## 「弱いつながり」の張り巡らされた社会へ

また、長寿社会の大きな課題である健康不安や孤独への不安に関しても、前向きさや幸せが大きな鍵を握っています。

多くの研究者が幸福と健康の関係について科学的に検証しています。それによると、一般には健康な人が幸せだと思われますが、実は幸せな人が健康であるとも言えるのです。

たとえば、米チャップマン大学のジュリア・べームらの調査によると、**幸福度の高い人はそうでない人よりも心血管疾患リスクが低く、長生きする**ことがわかりました。慶應義塾大学医学部眼科教授の坪田一男さんの研究でも、**より前向きになると寿命が延びる**という結論が出されています。

アメリカ・イリノイ大学心理学部の名誉教授エド・ディーナーらの2010年の研究でも、**幸福度の高い人は健康であるのみならず、長寿になる傾向が高い**と言います。さらに、チューリッヒ大学実証経済研究所のブルーノ・フライ教授らが科学雑誌『Science』に発表した、幸福度と寿命に関連する研究によると、幸せを感じている人はそうでない人に比べて、7・5〜10年ほど寿命が長かったと言います。

米ケンタッキー大学でも修道院の尼僧180人を対象に幸せと寿命に関する調査を行っています。修道院に入所したとき幸せだと感じていた尼僧の平均寿命が93・5歳である一方で、あまり幸せではないと感じていた尼僧の寿命は86・6歳。7年もの差がありました。

また、**孤独と幸福度には負の相関関係がある**ことも、数々の研究から明らかです。

今、リタイア後の高齢者たちの孤独が社会問題になりつつありますが、現役時代から会社だけの人間関係ではなく、PTAや地域のボランティア、趣味のサークルなどのつながりをあらかじめ作っておけば、孤独は回避できたかもしれません。

こうしたつながりは、いわば「**弱いつながり**」（心理学では「弱い紐帯《ちゅうたい》」）と言えます。20世紀は個人の独立と自由に基づいて自分の幸せを重視する個人主義的社会でしたが、今後は「弱いつながり」を大切にして皆の幸せを重視する社会へシフトしていくでしょう。

読者の皆さんには、ぜひ今から、少しずつでも弱いつながりを構築しておくことをお勧めします。人とのつながりは、リタイア後の人生はもちろん、今、この瞬間の人生をも彩り豊かなものにしてくれるでしょう。


ところで、「Happy」という単語は、Happen（〜が起こる）と語源が同じです。

他方、日本における「幸せ」とは「し＋あわせ」。「するの未然形＋あわせるの未然形」です。もともとは「めぐりあわせ」のような意味であったと言われています。調和の精神を象徴する言葉と言ってもいいでしょう。

さらに言うと、「し＋あわせ」＝「個人主義的ウェルビーイング（やってみよう＋なんとかなる＋ありのままに）＋集団主義的ウェルビーイング（ありがとう）」とも読み取れそうです。（し＝やりがい）＋（あわせ＝つながり）です。幸せについてとことん分析してみたら、その答えは「しあわせ」という言葉の中に最初からあったというわけです。みんなで新たなことを「し」て、みんなで力を「あわせ」ることが幸せなのです。

実際のところ、日本には今も神社やお寺など「コモンプレイス」と言われる場所が数多く存在しています。現時点でも、神社とお寺はコンビニよりもたくさん点在しているのです。また、かつては地域ごとの祭りや集まりなど、誰もが参加できる場や機会がありました。これらは、孤独感に苛《さいな》まれるリスクを回避する役割を果たしていました。つまり、かつての日本では、人々にとって最低限の「幸せ」は、つながりという社会関係資本によって保証されていたのです。

ところが、徐々にそのような場は減り、いわゆる「余計なお節介」や、隣近所との付き合いも希薄になってしまいました。ですから今一度、弱いつながりやお節介、気軽に対話し合える関係性を築き直すべきではないでしょうか。つまり、誰もが対話をベースとした生き方をすべきなのです。

たとえば、独居老人や孤独感を抱える人たちと対話をするボランティアがあれば、素晴らしいでしょう。どんな人にも心のケアが必要であり、それは本質的な対話によってもたらされるからです。対話の中からすべての人のやりがいが育まれるなら、それはやりがい＋つながり。し＋あわせ。幸せファーストです。

さらに言えば、ボランティア活動や慈善行為はそれを行う人自身の幸福度にも大きく寄与します。前述のブルーノ・フライ教授らの研究によれば、**ボランティア活動に参加すると幸福度が高まる**そうです。

日本の内閣府経済社会総合研究所による調査でも、同様の結果が出ています。何らかの社会貢献活動に加わっている人の幸福度は、「関わりたいと思うが、余裕がなくてできない」と思う人々よりも高い数値を示しています。何より、「社会貢献活動には加わりたいと思わない」人々の幸福度は、断トツに低い数値でした。**ボランティアや社会貢献活動は、誰かを支えようとする自分自身をこそ、まず幸福にしてくれる**のです。

さらに、これだけテクノロジーが進化した時代ですから、ＩＴを駆使してチャレンジしながら田舎で暮らすといった人生も、選択肢の一つになりつつあります。田舎というと、一昔前の「ムラ社会」をイメージする方もおられるでしょうが、そうではなく、田舎と都会の中間のような「弱いつながり」を持った新たなコミュニティでやりがいを感じる人が増えていくことで、社会はより幸福化していくのではないでしょうか。

家庭ではどうでしょう。ワークライフバランスという言葉がありますが、その背景には「ワークが大変だから、もう少しライフの部分を重視し、バランス良くしましょう」という考えが見え隠れします。

しかし、ワークそのものが幸せなら「ワークも幸せ、ライフも幸せ」となり、そもそもワークライフバランスという発想自体が不要になります。子育てや介護の大変な時期にはライフに比重を置く必要がありますし、子育てや介護が一段落したら、再びワークに比重を置けば良いのです。もちろん、子育てや介護を誰が負担するか、夫婦や兄弟姉妹でどう協力するのかといった課題を解決する際には、バランスを取ることが必要でしょう。

ワークライフバランスは、バランスを取ることが目的ではなく、あくまでワーク・ライフ・ハッピー（ワークもライフも幸せ）が前提です。ワークとライフのバランスを取るよりも、やりがいとつながりのバランスを取るべきでしょう。し・あわせバランスです。

## 「幸せファースト」の考え方が世界を変える

誰もが幸せに生きたいと願っていますし、誰もが幸せに生きるべきです。利益追求も大切ですが、幸せの追求はさらに重要です。日々活動する私の実感として、明らかにウェルビーイング第一主義を実践する人々は増えています。同じ想いを持って活動している人、経営している方も増え続けています。

たとえば、原丈人氏の公益資本主義、新井和宏氏の共感資本、西條剛央氏の構造構成主義、紺野登氏の目的工学、松久寛氏の縮小社会、広井良典氏の定常型社会、小田亮氏の利他学、オットー・シャーマー氏のU理論、ケン・ウィルバー氏のインテグラル理論、ロバート・キーガン氏の成人発達理論、フレデリック・ラルー氏のティール組織など、ウェルビーイング第一主義と同じ方向を目指す学問や実践は近年、歩調を合わせて呼応し合うかのように随所で提案され、進展し続けています。「競争」から「協創」へ。勝ち残り競争としての仕事から、ともに幸せになるための仕事へ。かつてのような、企業が社員を不幸にすることで競争に勝てた時代は限界を迎え、今や働く人を幸せにできる企業が生き残る時代に移行しつつあります。幸せな働き方とは、大きく転換する時代の一側面なのです。

本書を読んでくださった皆さんが、自分のチームをより良い方向へと進化させることによって、ウェルビーイングの輪は拡大していきます。

本書で繰り返し述べてきたように、実践すべきことは簡単です。チームメンバーが互いを信頼し合い、力を合わせ、やりたいことをイキイキ・ワクワクと実行する。そのために、各社の個性に合った独自の施策を実施する。それだけです。

伊那食品工業の塚越社長が語っておられたように、家族のような働き方に戻るだけ。夢と希望を持ち、皆と仲良く、思いやりを持つ。もちろん、これは簡単なようで、実に難しいことです。こんな素朴で簡単なことを本当に極めるのは実に長い道のりなのです。まるで修行のように。

しかし、始めるのは簡単です。「幸せに生きる」という人間の本質に戻るだけ。

**幸せになるための第一歩は、「幸せになると決める」こと**なのです。わずかなマインドチェンジです。ここから自分が変わり、周りも変わっていきます。

私が思い描く理想的な世界は、すべての人の個性が尊重され、皆が思いやりを持ち、力を合わせて生きる世界です。皆がそれぞれの生きがいを見つけ、応援し合う世界です。全世界の75億人がそんな状態になるのは簡単ではないかもしれません。しかし、まずはあなたの周りから始めることはできるはずです。それぞれの個性が尊重され、皆が力を合わせ、やりがいや生きがいを感じながら活動するチーム。信頼し合い、尊敬し合い、創造的に皆の夢を目指す職場を作ること。

目先の利益や成長を追うのではなく、ぜひ幸せファーストのチームや職場を作ってください。利益や成長は後からついてきます。いえ、利益や成長がついてくるばかりか、長期的な活動の持続という代え難いギフトを得ることになるでしょう。

そして、幸せは必ず伝播《でんぱ》します。大げさではなく、皆さんが幸せなチームを作ることが、世界平和の始まりなのです。あなたが幸せになることは、世界が幸せになることの始まりです。一緒に、まずは一歩ずつ、歩み始めようではありませんか。

# おわりに

『幸せな職場の経営学』、いかがでしたか？　いろいろ述べてきましたが、もっともお伝えしたかったことは幸せファースト（ウェルビーイング第一主義）です。「皆が困難な課題の解決のために真剣に苦悩しているときに、幸せファーストとか皆の幸せとか青臭くユルいことを言っていないで現実を見ろ」と批判されることがあります。「幸せになる前にやることがあるだろう」と。そういう方に反論したい。「困難な課題に苦悩する目的は、皆が幸せになるためでしょう。わかったような顔をして年寄りくさいことを言っていないで青臭くなってください」と。

本書で述べたことは、実は全部、小学校で学んだことです。青臭いです。小学校に行くと、教室や廊下の壁に標語としてペカペカと貼ってあります。大事なことが。「夢」「努力」「みんな仲良く」「思いやり」「チャレンジ」「個性」などなど。ピュアです。幸せの４つの因子そのものです。

ティールとかホラクラシーは難しくて、学んでも学んでも理解できないと言う人がいますが、そんなことはありません。効率的で合理的でマニュアルだらけの管理型組織を作るのではなく、小学校で学んだ「夢」「努力」「みんな仲良く」「思いやり」「チャレンジ」「個性」を活《い》かすためには、自由でぐちゃぐちゃな組織の中で皆が組織全体のことを考えた方が幸せでしょ？　と言っているだけです。小難しい考えを全部とっぱらって、イキイキ・ワクワクすることは何かを考えればいいだけです。それが幸せファーストです。

〝片付けの天才〟コンマリこと近藤麻理恵さんの「ときめき」と一緒です。ときめくことだけをすれば、幸せです。小難しいことを左脳で考え過ぎるより、「幸せ」「ワクワク」「ときめき」のような直感的な喜びを第一に考えませんか、というのが幸せファーストです。

そしてそれは単なるお気楽主義ではなく、エビデンスに裏打ちされた学問なのです。「幸せ」「ワクワク」「ときめき」を最優先させれば、より良い組織も作れ、経営状態も良くなり、信じ合える仲間が増え、長く幸せに暮らせるのです。いいことだらけです。これが幸せファースト。ウェルビーイング第一主義です。

もしも本書が複雑過ぎると感じる方がおられたとしたら、リラックスして、気軽に、読み直してみてください。すべて理解できると思います。何も難しいことは言っていません。若々しく青臭い思いを述べただけです。

最後に皆さんに感謝してこの本を終えます。読んでくださった皆さん、本書の作成に協力してくださった皆さん、本書にご登場いただいた皆さん、ありがとうございました。皆、素晴らしい。皆、愛しい。皆の幸せを祈っています。心より。

2019年5月

前野　隆司

# 参考文献

## 書籍

ダニエル・ネトル『目からウロコの幸福学』オープンナレッジ、2007年
大石繁宏『幸せを科学する　心理学からわかったこと』新曜社、2009年
フレデリック・ラルー『ティール組織　マネジメントの常識を覆す次世代型組織の出現』英治出版、2018年
ブライアン・J・ロバートソン『ホラクラシー　役職をなくし生産性を上げるまったく新しい組織マネジメント』PHP研究所、2016年
トニー・シェイ『ザッポス伝説　アマゾンを震撼させたサービスはいかに生まれたか』ダイヤモンド社、2010年
塚越寛『リストラなしの「年輪経営」いい会社は「遠きをはかり」ゆっくり成長』光文社知恵の森文庫、2014年
蝦谷敏『爆速経営　新生ヤフーの500日』日経BP社、2013年
リカルド・セムラー『奇跡の経営　一週間毎日が週末発想のススメ』総合法令出版、2006年
武井浩三『会社からルールをなくして社長も投票で決める会社をやってみた。』WAVE出版、2018年
デヴィッド・ボーム『ダイアローグ　対立から共生へ、議論から対話へ』英治出版、2007年
前野隆司『幸せのメカニズム　実践・幸福学入門』講談社現代新書、2013年
前野隆司、保井俊之『無意識と対話する方法　あなたと世界の難問を解決に導く「ダイアローグ」のすごい力』ワニプラス、2017年
前野隆司、小森谷浩志、天外伺朗『幸福学×経営学　次世代日本型組織が世界を変える』内外出版社、2018年

## WEB

慶應SDMヒューマンラボ（前野研究室）のホームページ
http://lab.sdm.keio.ac.jp/maenolab/wellbeing.htm

ホワイト企業大賞
http://whitecompany.jp/
内閣府　平成30年「国民生活に関する世論調査」
https://survey.gov-online.go.jp/h30/h30-life/gairyaku.pdf
厚生労働省　平成29年「労働安全衛生調査（実態調査）」
https://www.mhlw.go.jp/toukei/list/dl/h29-46-50_kekka-gaiyo02.pdf
マンパワーグループ「職場でのストレス調査」
https://www.manpowergroup.jp/company/press/2016/161028_001.html
公益財団法人　日本生産性本部「労働生産性の国際比較」
https://www.jpc-net.jp/intl_comparison/
厚生労働省　平成29年「卒業３年以内の離職率」
https://www.mhlw.go.jp/file/06-Seisakujouhou-11650000-Shokugyouanteikyokuhakenyukiroudoutaisakubu/0000140596.pdf
https://www.mhlw.go.jp/file/04-Houdouhappyou-11652000-Shokugyouanteikyokuhakenyukiroudoutaisakubu-Jakunenshakoyoutaisakushitsu/0000177579.pdf

## 前野　隆司（まえの・たかし）

1962年山口生まれ。84年東京工業大学工学部機械工学科卒業、86年東京工業大学理工学研究科機械工学専攻修士課程修了、同年キヤノン株式会社入社。その後、カリフォルニア大学バークレー校客員研究員、慶應義塾大学理工学部教授、ハーバード大学客員教授等を経て、2008年より慶應義塾大学大学院システムデザイン・マネジメント（SDM）研究科教授。11年より同研究科委員長兼任。17年より慶應義塾大学ウェルビーイングリサーチセンター長兼任。

研究領域は、ヒューマンロボットインタラクション、認知心理学・脳科学、イノベーション教育学、創造学、幸福学、哲学、倫理学など。

著書に『脳はなぜ「心」を作ったのか』『錯覚する脳』（ともにちくま文庫）、『幸せのメカニズム－実践・幸福学入門』（講談社現代新書）、『実践・脳を活かす幸福学 無意識の力を伸ばす８つの講義』（講談社）、『「幸福学」が明らかにした幸せな人生を送る子どもの育て方』（ディスカバー・トゥエンティワン）などがある。

カバーデザイン　渡邊民人（TYPEFACE）
本文デザイン　谷関笑子（TYPEFACE）
構成協力　富岡麻美
校正　櫻井健司
カバー写真　takasu/stock.adobe.com
編集　下山明子　真田晴美

# 幸せな職場の経営学

## 「働きたくてたまらないチーム」の作り方

2019年6月4日　初版第一刷発行
2022年2月21日　第四刷発行

著　者　前野隆司
発行人　下山明子
発行所　株式会社　小学館
〒101-8001 東京都千代田区一ツ橋 2-3-1
電話　編集　03（3230）4265
販売　03（5281）3555
印刷所　萩原印刷株式会社
製本所　株式会社若林製本工場


ISBN978-4-09-388690-1